El camino de la tesis doctoral
32 preguntas con respuestas y 10 sugerencias prácticas

Anabel Gaitán

El camino de la tesis doctoral

32 preguntas con respuestas y 10 sugerencias prácticas

UCSF | Universidad Católica de Santa Fe

Octaedro Editorial

Colección Horizontes Universidad

Título: *El camino de la tesis doctoral. 32 preguntas con respuestas y 10 sugerencias prácticas*

Primera edición: septiembre de 2025

© Anabel Gaitán

© De esta edición:

Ediciones OCTAEDRO, S.L.
C/ Bailén, 5, 08010 Barcelona
Tel.: 932464002
www.octaedro.com
octaedro@octaedro.com

Editorial UCSF
Echagüe 7151, 3000, Santa Fe
Tel. 4603030
www.ucsf.edu.ar
editorial@ucsf.edu.ar

IISBN: 978-84-1079-121-3
Depósito legal: B 16608-2025

Diseño y producción: Octaedro Editorial

Impresión: Ulzama

Impreso en España - *Printed in Spain*

Sumario

Unas palabras antes de comenzar

Escribí este libro con las preguntas y respuestas que me hubiera gustado hacer y escuchar antes de iniciar mi doctorado. Está dirigido a quienes estén a punto de embarcarse en un programa de formación doctoral dentro de las ciencias sociales, especialmente en el campo de la educación.

Mi vida laboral se circunscribe al ámbito universitario. Soy docente en grado y en posgrado desde hace treinta años y desde hace diez dirijo un programa de formación doctoral en educación. Soy pedagoga y me apasiona viajar. Creo que el aporte que puede hacer este libro es el enfoque del trabajo en el taller de tesis doctoral desde una perspectiva pedagógica y no exclusivamente metodológica, debido a que mi formación de base son las Ciencias de la Educación.

Este texto no se condice con un manual clásico de taller de tesis, sino que lo redacté como una posible hoja de ruta que he trazado producto de mi trabajo en programas de posgrado y de múltiples entrevistas con tesistas de doctorado.

Elegí la metáfora del camino de la tesis, porque hacer un doctorado es una forma de emprender un viaje, y porque viajar es para mí un acto permanente de aprendizajes y enseñanzas.

En este placer que me genera viajar he descubierto la importancia de *visitar una ciudad antes de visitarla*. Trato de valerme de todo lo que la tecnología nos ofrece para ver fotos, vídeos, leer información nueva o histórica, interactuar a través de redes sociales con otros visitantes o residentes, etc. Porque tengo la certeza de que cuando uno sabe lo que es posible ver o conocer en un lugar, el viaje vale doble. Se aprovecha más. Se disfruta más, y el visitante se arrepiente menos. En el camino de la tesis pasa lo mismo. Y esto es lo que espero del libro: que las personas que están pensando en encarar un doctorado sepan de qué se trata antes de embarcarse en este desafío, con la intención de evitar frustraciones y deserciones.

El «camino del tesista o de la tesis» es la expresión que utilizo muchas veces para una actividad que organizo dentro del Taller de Tesis del programa de doctorado que dirijo. Se trata de un espacio en el que invito a tesistas de cursos anteriores a dar testimonio, dependiendo del nivel de avance de cada uno. Comenzamos con el testimonio de candidatos que todavía están redactando sus primeros borradores o esperando aprobación de su proyecto de tesis, seguimos con otros testimonios de aquellos que ya tienen sus proyectos aprobados y están en diferentes etapas de avance de la investigación y cerramos participando como observadores, de un acto de defensa de tesis en vivo. Todo esto nos permite visualizar las luces y sombras del camino y saber que uno no está solo.

Este libro está planteado entonces, como una ruta a recorrer entre la intención de hacer un doctorado y la concreción de la tesis. En este viaje hemos de usar todo el conocimiento técnico y metodológico disponible; por analogía, ese conocimiento es equivalente al que nos da el GPS. Así, cuando el GPS nos dice «doble a la derecha», si decidimos bien llegamos en 5 minutos; pero, si decidimos mal, demoramos 3 horas. Este libro busca ofrecer el dato del amigo, del vecino, del que vivió allí. Ese dato que siempre suma. Ayuda. Refuerza. Apela a la comprensión no exacta, sino del sentido común. Pretende ser la respuesta alternativa frente al «recalculando».

Es universalmente conocida la expresión que refiere a que los estudiantes de doctorado avanzan en todas las etapas, pero no terminan la tesis. La tasa de abandonos (fracasos) es muy alta, incluso existen miles de tesistas latentes o tesistas crónicos que, generalmente, frente a las entregas de informes y *deadlines*, se angustian y retoman el contacto con la intención de terminar (lo que no saben es que, en realidad, ¡casi siempre es un volver a empezar!)

El camino de la tesis, con formato de ensayo, te ofrece respuesta a treinta y dos preguntas que, posiblemente, surgirán en el recorrido que va desde antes de tomar la decisión de iniciar un doctorado hasta después de defendida la tesis. En cada etapa del viaje, se suman a estas respuestas diez sugerencias (¡poco ortodoxas!) para organizar el viaje y que incluyen a la inteligencia artificial generativa como compañera de ruta. La intención general es orientarte con datos prácticos y despejar algunas dudas personales que, inevitablemente, se presentan cuando se encara el desafío y los años de intenso estudio y formación que implica un doctorado.

AVISO: Este libro está dirigido a tesistas en general. En algunos casos opté por un estilo que no diferencia el género para simplificar la lectura y facilitar la comprensión de los contenidos, buscando una comunicación efectiva y directa; en otros marqué diferencias para reforzar lo enfático del discurso. Toda persona que tenga intenciones de doctorarse debería recibir mis palabras como suyas.

¡Comencemos!

ANTES DE INICIAR EL VIAJE

1.
¿Hago el doctorado?

Sí, con conocimiento informado.

...

Aunque puede sonar como pregunta innecesaria –porque es esperable que el lector de este libro ya haya tomado la decisión de cursar un doctorado–, no está de más pensar o repensar las razones para emprender el camino. Hacer un doctorado es, o debería ser, una decisión trascendente en la vida de una persona y, por ello, requiere reflexionar sobre el particular.

Supongamos que el camino del doctorado es equiparable al Camino de Santiago,[1] dado que en ambos casos se trata un largo camino. Quien decide emprender el Camino de Santiago, más allá de ver algunas bellas fotos o leer algún material promocional, lee crónicas de viajeros y escucha sus testimonios; reflexiona sobre qué puede significar para sí mismo transitar ese camino; en suma, se prepara para el desafío físico y mental que implica transitar ese sendero. Del mismo modo, en el camino del doctorado prepararse es fundamental. Conocer las razones para hacer un doctorado permitirá luego tomar las mejores decisiones ante todas las preguntas que surjan: los *qués*, los *cómos*, los *porqués*, los *paraqués* y muchas más.

Entonces, *¿por qué* y *para qué* hacer un doctorado?

La pregunta acerca del por qué hacer un doctorado invita a realizar un proceso de discernimiento que permita visualizar los motivos que te movilizan a hacerlo. Puede haber factores internos: como el deseo de saber más o el deseo de superación personal, entre otros. O externos: cursar un doctorado puede ser necesario, por ejemplo, para avanzar o crecer en la carrera académica, la enseñanza universitaria o la conducción de investigaciones avanzadas; o puede ser un medio para lograr un impacto significativo en un campo específico, etc. De ahí que causas y objetivos haya tantos

---

1. https://www.caminodesantiago.gal/es

como personas interesadas en doctorarse, y todos son igualmente válidos; la clave estará en que cada uno conozca los propios.

Una vez comprendido el *porqué*, llega la pregunta del *para qué*, de la utilidad, que te invita a reflexionar sobre el aporte y las metas que estás buscando alcanzar. En este punto, es necesario revisar qué es (¡y qué no es!) un programa de doctorado.

No deberías realizar un doctorado en ciencias sociales ni escribir una tesis doctoral con el propósito de resolver directamente una situación particular. El objetivo principal de una tesis doctoral es generar conocimiento original que contribuya al avance teórico y disciplinar. En el caso de que tu tesis sea una tesis teórica, tendrá valor en sí misma por su capacidad de aportar herramientas conceptuales que profundicen la comprensión de fenómenos sociales. Si, en vez de eso, se tratara de una tesis teórico-práctica, podrías utilizar un caso particular como vehículo analítico, siempre que este sea abordado desde un marco conceptual que te permita construir categorías de análisis transferibles y útiles para futuras investigaciones. Si bien el impacto práctico de una tesis doctoral no es su objetivo central, sus aportes teóricos pueden ser retomados por otros actores para explicar o abordar situaciones específicas, consolidando su contribución como avance epistemológico y metodológico para la disciplina, por lo que su utilidad no es directa, sino indirecta.

En primer lugar, hay que decir que alrededor del mundo, un programa de doctorado es el último escalón en la formación académica y es el máximo nivel al que se puede aspirar dentro de los estudios formales. Dejo afuera a los posdoctorados (comúnmente conocidos como *pos-doc*) porque no son un grado académico adicional, sino etapas de investigación y desarrollo profesional que siguen a la obtención de un doctorado.

Un doctorado es un programa de formación en investigación, por y para la investigación. Es decir, la razón de ser de la formación doctoral no es enseñarles algo nuevo a los doctorandos por el mero fin de que aprendan algo más de su disciplina, sino ayudar a los doctorandos a decir, con solidez investigativa y argumentación irrefutable, algo nuevo en su campo de estudio. Porque el objetivo fundamental de los programas de doctorado es la construcción de nuevo conocimiento para el avance de la ciencia.

Frecuentemente, en las entrevistas de admisión, dialogo con postulantes que son devotos estudiantes, personas con excelentes hábitos de estudio y técnicas de trabajo intelectual, pero más que potenciales investigadores se trata de curiosos de la ciencia. Los hábitos de trabajo intelectual son muy necesarios porque el proceso de doctorado involucra un considerable tiempo de estudio y producción académica, pero no son condición suficiente. Porque la finalidad de un programa de doctorado, aun cuando contempla un plan de estudios, se centra en la propuesta de investigación que aporta el tesista.

Por esto, un buen programa de formación doctoral es el que logra desarrollar las habilidades de investigación de cada tesista para que sea capaz de dar a conocer, con argumentos sólidos y respaldo metodológico y científico, algo que suponía cierto en su área de trabajo y que no había sido investigado antes, para que su aporte se constituya como un agregado al campo de conocimiento de su disciplina o subdisciplina y permita, así, el avance científico.

Cerrando esta primera respuesta, el doctorado es la combinación de estudio riguroso e investigación original, y los programas de doctorado son vitales para el avance de las diversas disciplinas científicas.

2.
¿Qué es una tesis doctoral?

Una tesis doctoral es siempre y ante todo un resultado. Es el punto de llegada de un largo camino al que se llega investigando y, al mismo tiempo, es el registro textual del camino andado, su cuaderno de bitácora.

...

Cuando hablamos de hacer una tesis doctoral, hablamos necesariamente de hacer una investigación, porque *toda tesis doctoral es una investigación; pero no toda investigación conduce a una tesis doctoral.* Aunque parezca un juego de palabras, es fundamental analizar y comprender el alcance de esta expresión. Esta es una aclaración que suele omitirse y luego se vuelve un obstáculo en el camino.

Una investigación puede estar correctamente formulada en todos sus aspectos teóricos, metodológicos y lograr acabadamente sus objetivos propuestos; sin embargo, si esa investigación es evaluada como «proyecto de tesis doctoral», puede no ser correcta.

Insisto, no puede existir una tesis doctoral sin una investigación previa. Pero no toda investigación ni todo resultado de investigación constituye *per se* una tesis doctoral. Luego, una tesis doctoral requiere un tipo particular de investigación y también un tipo particular de resultado.

Dentro de la academia, a nivel de formación de posgrado o formación para graduados, hay dos tipos fundamentales de tesis: las tesis de maestría y las tesis de doctorado. En algunos países utilizan la expresión *trabajo final de maestría* para referenciar a los estudios de maestría y el término *dissertation* para referirse al producto o acto que permite obtener el doctorado. Pero la mayoría coincide en utilizar el término *tesis* para aludir indistintamente al trabajo final de los estudios de posgrado a nivel de maestría y a nivel de doctorado. Y, si bien no hay normas universales para diferenciar las tesis de maestría de las tesis de doctorado, existen acuerdos tácitos dentro de la comunidad científica que las dividen con cierta claridad respecto de la expectativa que se tiene de ellas.

Criterio	Tesis de maestría	Tesis de doctorado
Profundidad y complejidad	Se espera que se demuestre aplicación y entendimiento de conocimientos avanzados con una profundidad significativa y que el desarrollo de la investigación tenga entre 25.000 y 50.000 palabras.	Se espera que se demuestre profundidad y complejidad en su análisis y un manejo exhaustivo del campo y aportes de nuevos conocimientos. Se espera que el desarrollo de la investigación tenga entre 75.000 y 100.000 palabras.
Alcance y originalidad	Se espera un alcance centrado en la aplicación o extensión de teorías y métodos existentes. La originalidad es importante, pero enfocada en términos de aplicación.	Se espera un alcance amplio y generalizable y una originalidad destacada en términos de aporte innovador, con una contribución de conocimientos significativa al campo de estudio.
Duración y compromiso	Se espera que la maestría académica se desarrolle completamente en un periodo de uno a dos años, incluyendo el tiempo de escritura de la tesis.	Se espera que el proceso de doctorarse demande un compromiso extenso en el tiempo, usualmente de tres a seis años, incluyendo formación, investigación y escritura.
Metodología	Se espera la demostración de competencias avanzadas en metodologías de investigación y autonomía en la aplicación de técnicas existentes.	Se espera una mayor sofisticación en la aplicación de metodologías científicas, que incluya el desarrollo de nuevos métodos o enfoques adaptados específicamente para la investigación.
Resultados y aplicación	Se espera que los resultados sean específicos y orientados a demostrar habilidades en la aplicación de conocimientos y métodos, con una perspectiva más práctica o enfocada a un caso particular.	Se espera que los resultados tengan una significancia que contribuya de manera importante al campo de estudio, con hallazgos de calidad publicable y un impacto teórico o práctico más amplio, con pretensión de universalidad.

Una tesis de maestría no es necesariamente una parada o estación en medio del viaje al doctorado, aunque podría serlo. Es frecuente que, una vez realizada la tesis de maestría, la misma persona decida continuar y profundizar el objeto de estudio en su doctorado. Esto es posible y no implica menos trabajo por tener «parte del camino andado» como muchos suponen, sino que resulta un trabajo diferente en muchos aspectos. Por ejemplo, es frecuente que una tesis de maestría que resultó ser un estudio de caso o una comparación o un análisis de datos se continúe y profundice en el doctorado. En estos ejemplos, las tesis de maestría pueden constituirse como parte del marco teórico o del estado del arte, pero resultará imprescindible identificar el problema a investigar en la tesis doctoral. Es decir, en todos los casos, antes de comenzar una tesis doctoral es prioritario encontrar el problema a investigar. Como ya he mencionado, una tesis doctoral debe trascender el análisis de un caso específico para contribuir con nuevos conocimientos que sean de relevancia para el campo de estudio en cuestión y no para tal o cual comunidad de proximidad o cercanía. Mientras que un estudio de caso puede ser un componente valioso dentro de una investigación doctoral, la tesis en su conjunto debe apuntar a generar aportes que vayan más allá de la singularidad de dicho caso. Porque, dado que el objetivo primordial de una tesis de doctorado es contribuir al conocimiento y entendimiento del campo de estudio a un nivel más amplio, no debería limitar su alcance al estudio de un caso específico.

El estudio de caso es una metodología de investigación que se centra en el examen intensivo de un caso específico (o casos) dentro de un contexto real. Este enfoque es ampliamente valorado y frecuentemente utilizado en ciencias sociales. Y la posibilidad de generalizar y universalizar los hallazgos de un estudio de caso en el contexto de una tesis doctoral es un tema de debate dentro de la comunidad académica. Tradicionalmente, la generalización se ha asociado con métodos cuantitativos, bajo la premisa de que los resultados pueden ser extrapolables a poblaciones más amplias. Sin embargo, en el marco de la investigación cualitativa, y en particular con los estudios de caso, la generalización puede entenderse de manera diferente, a través de lo que se denomina *generalización analítica o teórica*.

Si se quisiera utilizar un estudio de caso en la tesis doctoral para que las conclusiones tuvieran un alcance generalizable, sería esencial tener en mente algunos detalles. Por ejemplo, el caso elegido debería ser representativo de una categoría más amplia de fenómenos. Debería ser seleccionado por su capacidad para iluminar los procesos subyacentes o las dinámicas particulares que se esperan entender. En este sentido, siempre se debe proporcionar una descripción detallada y contextualizada del caso, incluyendo el entorno, los participantes y los procesos observados. Esta riqueza descriptiva permitirá a otros investigadores evaluar la transferibilidad de los hallazgos a otros contextos similares.

Se deberían utilizar múltiples métodos de recolección y análisis de datos para examinar el caso desde diversas perspectivas, incrementando, así, la profundidad y la validez de los hallazgos y haciéndolos extrapolables. Y, por último, se debería desarrollar o aplicar una teoría para el análisis del caso en cuestión que guíe la investigación y enmarque la interpretación de los hallazgos de manera que puedan tener relevancia más allá de ese caso específico estudiado, identificando patrones, principios o mecanismos que podrían aplicarse en otros contextos, elaborando de este modo categorías de análisis replicables.

Muchas veces, junto con la pregunta acerca de qué es una tesis doctoral, surge una inquietud recurrente sobre su extensión: ¿cien páginas?, ¿quinientas?, ¿más de mil?

La pregunta es inquietante pero no del todo pertinente. No es apropiado determinar taxativamente la extensión total de un trabajo doctoral, ya que la investigación y el desarrollo de las ideas darán con la extensión justa. En otras palabras, una tesis tendrá la extensión que deba tener. Ninguna idea, ningún nuevo aporte a la ciencia –del tema que sea– se puede desplegar en una extensión menor o mayor a la que ese trabajo requiera. Es imposible saber de antemano cuán extenso será un trabajo de tesis (aunque la gran mayoría de los reglamentos de tesis imponen un número mínimo de palabras, pero, simplemente, por una cuestión de normativa), porque el análisis, la interpretación y la argumentación requieren de cierto desarrollo que no puede hacerse ahorrando palabras.

Definitivamente, el valor de una tesis no reside en su extensión. Al contrario: el valor de una tesis depende del planteo general del tema, de su hipótesis de investigación, de la calidad de la argumentación, la claridad en la presentación de los datos y de las conclusiones y aportes a los que se arribe.

Luego, dentro de la tesis misma, tampoco es posible establecer valores respecto de la proporción de espacio que deben ocupar las distintas partes o apartados del informe, sobre todo si se tratase de una tesis teórica. Si bien en las investigaciones de tipo cualitativo y en investigaciones teóricas el análisis conceptual suele ser el capítulo que más desarrollo necesite, la escritura de los resultados es siempre crucial porque es donde se van a presentar los datos obtenidos a través de la investigación, y debería ser lo suficientemente detallado como para permitir comprender, interpretar y evaluar los hallazgos de la investigación.

Entonces, si la tesis doctoral debería ser un aporte al conocimiento en una disciplina, se sobreentiende que los apartados de resultados y conclusiones deben tener una extensión significativa en proporción al todo, porque es en estos apartados donde estará escrita la tesis propiamente dicha. Las conclusiones serán esa zona del texto donde se van a sintetizar los resultados obtenidos en relación con las preguntas de la investigación planteadas inicialmente, y el objetivo general y los objetivos específicos que se plantearon, y en las que se podrá destacar la contribución al campo de conocimiento, las limitaciones del estudio y hasta sugerir direcciones para investigaciones futuras.

Las conclusiones de una tesis doctoral, poseen una gran importancia para cerrar el estudio de manera coherente, resaltando su originalidad y aportes al campo de conocimiento, pero, sobre todo, porque es el lugar donde, luego de haber realizado toda la investigación, el tesista va a poder tomar un posicionamiento fuerte frente a la comunidad científica. Por lo tanto, una sección de conclusiones demasiado breve podría dejar al lector con dudas sobre la profundidad del análisis realizado o la relevancia de la investigación.

3.
¿Qué significa que mi tesis deba ser un aporte a la comunidad científica?

Significa que el doctorado que hace una persona tiene que impactar en otros. Doctorarse es un acto individual con impacto social.

...

La expresión *aporte a la comunidad científica* en el contexto de un programa de doctorado se refiere a la contribución original, inédita y significativa que como resultante de tu investigación deberías realizar al cuerpo existente de conocimientos en la disciplina específica que estudias.

La *originalidad* implica que la contribución del trabajo al conocimiento en el campo no haya sido previamente realizada o, al menos, que sea una ampliación significativa de las investigaciones existentes. Es esencial que el producto de la investigación deba superar la simple repetición o aplicación de conocimientos establecidos y sea capaz de abordar preguntas, problemas o aspectos del campo que aún no se han explorado, demostrando, a su vez, la capacidad del tesista para pensar de manera independiente, para cuestionar convenciones y para generar ideas, teorías o descubrimientos todavía inexplorados.

Esta originalidad podría estar dada de diferentes modos, puede ser por una perspectiva novedosa o por una nueva forma de comprensión de un problema, fenómeno o área de estudio. Podría estar dada también por un avance en el campo completamente innovador, ya sea mediante el desarrollo de nuevas teorías, la identificación de patrones previamente desconocidos, la resolución de problemas no resueltos o la introducción de nuevos enfoques. En cualquier caso, es preciso que el trabajo de tesis agregue valor significativo, sustancial y genere impacto positivo en el cuerpo de conocimientos existente.

Estas son algunas de las formas posibles de denotar originalidad en una tesis doctoral:

Formas de originalidad	Descripción
Desarrollo teórico	Creación o extensión de teorías existentes. Incluye la formulación de nuevos marcos teóricos o la reinterpretación de teorías existentes.
Innovación metodológica	Desarrollo o mejora de métodos de investigación. Puede incluir la creación de nuevas herramientas, técnicas o enfoques metodológicos.
Generación de nuevos datos	Recolección y análisis de datos que no se han explorado anteriormente, aportando información novedosa sobre un fenómeno o campo.
Aplicación práctica de teorías	Aplicación de teorías existentes en nuevos contextos o maneras innovadoras para resolver problemas prácticos.
Integración interdisciplinar	Combinación de conocimientos de diferentes disciplinas para abordar problemas complejos de manera más integral.
Avance en políticas o prácticas	Contribuciones que influyen en la formulación de políticas, prácticas o estándares en un campo específico.
Crítica y revisión de conocimientos existentes	Análisis crítico de la literatura existente que conduce a una nueva comprensión o cuestionamiento de conocimientos previos.

La condición de *inédita* se refiere a que el aporte a la disciplina debe ser nuevo, en el sentido de que no ha sido difundido o conocido previamente por la comunidad académica. Aun en los nuevos formatos de tesis por compilación de publicaciones, el sentido final del aporte no se conoce con las publicaciones parciales. Tanto la condición de original como de inédita son decisivas en este tipo de investigación académica, ya que la razón de ser de un programa de doctorado, como ya señalamos, es avanzar en el conocimiento existente.

Luego, cuando se dice que la contribución de una tesis doctoral ha de ser *significativa*, se refiere a la importancia y relevancia del trabajo hecho en el contexto de la comunidad académica de la disciplina. Una contribución significativa implica que la investigación no solo es original e inédita, sino que influye sustancialmente en la comprensión y avance del campo de estudio y tiene posibilidad de generar impacto real y de convertirse en texto de referencia por su relevancia dentro de la comunidad académica específica.

Para cerrar esta respuesta, lo significativo de una tesis doctoral puede estar dado por el abordaje de preguntas o problemas relevantes para la disciplina académica correspondiente; por la replicación futura de los resultados de la investigación; o, por su impacto en la comunidad académica, en tanto tiene el potencial de influir en la investigación futura, inspirar a otros académicos y contribuir al desarrollo general de la disciplina.

4.
¿Los resultados de la tesis deben ser generalizables?

Sí, es condición necesaria.

...

Es esperable que los aportes de una tesis doctoral sean *generalizables*, es decir, que se puedan aplicar o replicar a situaciones, contextos o poblaciones más amplias o diferentes de aquellas específicamente estudiadas.

Una tesis doctoral de excelencia debería aspirar a que sus resultados sean, además, universalizables. Esto se refiere a la búsqueda de verdades o principios que sean válidos en todos los contextos y situaciones, independientemente de las particularidades culturales, geográficas o temporales. La universalidad implica pensar que los resultados de la tesis generen interés en una audiencia global.

Por la importancia y la dificultad que reviste, la universalidad se expresa en términos de aspiración. Y se podría alcanzar luego de haber aplicado una metodología que asegure que la recopilación, el análisis y la interpretación de los datos (incluyendo el reconocimiento de limitaciones) conduzcan a hallazgos confiables e irrefutables. Asimismo, siempre habría que cuidar la extrapolación o adaptación del trabajo final a otros contextos, culturas, tiempos o situaciones, sin perder de vista las especificidades del estudio original y del lugar de llegada.

Veamos dos ejemplos para dimensionar y comprender cabalmente la idea de universalidad a la que debería aspirar tu tesis:

Ejemplo 1

Título de la Tesis
«La pedagogía ignaciana en el contexto del conectivismo»

Planteamiento del problema de investigación
¿Cómo puede reinterpretarse y proyectarse la pedagogía ignaciana a la luz del conectivismo como teoría del aprendizaje en la era digital, sin desvirtuar su núcleo antropológico y espiritual?

Aporte al conocimiento

- Diálogo transdisciplinar: Introduce un análisis riguroso entre dos marcos aparentemente disímiles —la espiritualidad ignaciana y el conectivismo— generando un puente fértil entre lo humanista y lo digital.

- Actualización pedagógica: Ofrece una resignificación actual de la pedagogía ignaciana para repensarla en contextos de redes, flujo de datos, subjetividades conectadas y aprendizajes descentralizados, manteniendo su orientación hacia el discernimiento, el acompañamiento y la formación integral.

- Marco para la educación religiosa y humanista en entornos digitales: Aporta un marco de referencia útil para instituciones educativas de inspiración ignaciana que enfrentan el desafío de la cultura digital, ofreciendo fundamentos para una práctica pedagógica coherente, situada y actualizada.

Aspiración de universalidad

1. Desde lo antropológico: La pedagogía ignaciana parte de una concepción integral del ser humano (razón, emoción, cuerpo, espiritualidad), lo cual permitiría establecer debates universales sobre la formación personal en contextos digitales.

2. Desde lo epistemológico: El conectivismo propone una nueva ecología del conocimiento en red; leer la pedagogía ignaciana como una forma de organizar el sentido en esta red no solo posibilitaría un diálogo fecundo, sino que sugiere modelos de formación que podrían inspirar prácticas educativas más humanas y éticas.

3. Desde lo educativo: La combinación entre discernimiento ignaciano y pensamiento crítico sobre el acceso y la selección de información en redes (curaduría, sentido, comunidad) podría ofrecer respuestas universales ante el caos informacional contemporáneo.

Ejemplo 2

Título de la Tesis
«Las ciencias de la educación en la era de la IAgen: hacia una redefinición del campo laboral y el perfil profesional de sus graduados»

Planteamiento del problema de investigación
¿Cómo impacta el desarrollo de la inteligencia artificial generativa (IAgen) en la configuración del campo laboral y en el perfil profesional de los/as graduados/as en Ciencias de la Educación, y qué redefiniciones epistemológicas, éticas y formativas demanda este nuevo escenario?

Aporte al conocimiento

- Epistemológico: Propone una revisión crítica del campo de las Ciencias de la Educación en un momento de crisis de certezas, donde el conocimiento ya no está centralizado en sujetos humanos ni en instituciones formales.

- Profesional-laboral: Contribuye a actualizar el debate sobre el perfil del pedagogo, o cientista de la educación en relación con nuevas demandas.

- Político: Aporta herramientas para disputar sentidos ante la tendencia a reemplazar funciones educativas humanas por tecnologías.

Aspiración de universalidad

1. Desde la ubicuidad del fenómeno: La IAgen impacta globalmente a todos los sistemas educativos, tanto en los modos de enseñar como en las formas de aprender, evaluar y certificar. Afecta transversalmente todas las áreas del conocimiento y niveles del sistema.

2. Desde el alcance de su reflexión ética y política: Las Ciencias de la Educación están llamadas a producir pensamiento crítico y no técnico sobre la IA, más allá de la fascinación o el rechazo, con una connotación universal sobre ¿cuál es el lugar de lo humano en la educación digital?

3. Desde su capacidad de anticipación: Por la proyección de re-imaginar los perfiles profesionales en un horizonte futuro en el que intervienen agentes no humanos capaces de aprender.

5.
¿Qué puedo aportar a mi disciplina?

Una sola idea podría ser suficiente.

...

Esta pregunta implica una respuesta donde la nueva reflexión es más que una mera formalidad; es un proceso introspectivo fundamental que debe preceder a la decisión final de embarcarte en este exigente, pero gratificante viaje académico. Una tesis doctoral puede ser algo muy simple. Mucho más de lo que la mayoría de las y los tesistas suponen. *Es precisamente en la clara y correcta identificación de lo no dicho donde aparece la simpleza de la tesis.*

No deberías acercarte a un programa de doctorado con la mera intención de estudiar. Deberías acercarte porque consideras con total seguridad que es el momento oportuno de aprender a decir de modo científico algo que hace tiempo da vueltas en tu pensamiento. La esencia de lo que eventualmente se convertirá en la tesis doctoral, en cierto modo, ya reside en el interior de la persona. Esta esencia se manifiesta no solo en un área de interés o una pregunta de investigación, sino también como una pasión innata y un compromiso profundo con el campo de estudio elegido.

Entonces, cuando abordes la pregunta: «¿Qué puedo aportar a mi disciplina científica?», es importante buscar respuestas claras y bien definidas. Estas respuestas no necesariamente tienen que ser revolucionarias o de una magnitud sin precedentes; alcanza con que reflejen una comprensión auténtica y una perspectiva única, sobre algo en lo que se tiene la convicción y la decisión de poder hacer un aporte.

Si las respuestas que surgen a esta pregunta son vagas, ambiguas o confusas, aún no es el momento para embarcarse en el viaje del doctorado. Si pasa esto, no equivale a un fracaso ni a una renuncia permanente a la idea de doctorarte, sino, más bien, podrías tomarlo como un buen ejercicio de autoconocimiento. Si tomaras la decisión de no seguir adelante en este momento, contrariamente a lo que podría parecer, es posible que se tratase de una decisión sabia y madura, ya que te evitará sentimientos de frustración o desgaste en próximas etapas, que son, muchas veces, los que a menudo acompañan a un proyecto doctoral emprendido sin la suficiente preparación o convicción. Doctorarse es ante todo y, sobre todo, una aspiración personal y profundamente individual; y tanto las aspiraciones como las pasiones pueden acompañarnos durante mucho tiempo, aguardando dentro nuestro el instante oportuno para su realización. Entonces, si ahora no es el momento, podría ser más adelante. El camino hacia el doctorado puede requerir un periodo de gestación, durante el cual las ideas y las motivaciones puedan madurar y fortalecerse.

En cambio, si las respuestas que surgen son claras, convincentes y están cargadas de un sentido de propósito, entonces, ¡adelante! Es el momento de avanzar.

Pero, atención: hay algo que no se puede dejar de mencionar y es que, aun teniendo claridad y convicción inicial, el camino no será sencillo. Quien se anime al viaje tendrá que estar preparado para enfrentarse a desafíos (no uno, sino muchos), reformular preguntas (abandonar incluso algunas) y, en muchos casos (en casi todos los casos), encontrar nuevas preguntas. Todo esto quiere decir que el viaje no será lineal, sino, cargado de idas y vueltas.

6.
¿Dónde hacer el doctorado?

Donde puedas.

…

Para hacer un doctorado, no basta con la decisión de hacerlo, porque será necesario postular a tal o cual programa en tal o cual universidad y, además, ser admitido. Vamos a analizar las posibles respuestas a esta nueva pregunta, ya que claramente no tiene una respuesta única.

El proceso de admisión a un programa de doctorado varía ampliamente entre instituciones. Algunas universidades presentan requisitos de admisión extensos y una alta competitividad, mientras que otras ofrecen accesos más flexibles. Hay programas que exigen la definición de un proyecto de tesis como parte de la postulación, mientras que otros ofrecen asesoramiento y apoyo en la formulación del proyecto durante el transcurso del programa.

Es importante considerar que el éxito en la postulación y realización de un doctorado no depende únicamente de la capacidad académica del aspirante, sino también de la habilidad que desarrolle para surfear los distintos requisitos y expectativas de los programas, así como para equilibrar eficazmente las demandas de la investigación con las otras responsabilidades personales y profesionales.

Vamos a considerar tres variables que tendrán mucho impacto en la elección de instituciones a las cuales postular: la disponibilidad de tiempo libre para dedicar al doctorado; el formato y la modalidad del programa. También aparecerán algunos elementos subjetivos que serán parte de la decisión.

En primer lugar, deberías considerar tu situación personal para reconocer la disponibilidad de tiempo que tendrás. Porque no es lo mismo hacer el doctorado a tiempo completo que hacerlo a tiempo parcial. En el primer caso, las opciones para elegir dónde hacer el doctorado crecen exponencialmente y la elección será más rica y libre. Por contra, si el doctorado se hará a tiempo parcial, hay una menor cantidad de opciones y, aunque se tenga que renunciar a algunas aspiraciones, igualmente puedes encontrar un lugar adecuado.

Si uno dispone de tiempo completo, significa que las necesidades básicas de manutención están resueltas por otras vías, como una beca, por ejemplo. En estos casos, decidir dónde realizar un doctorado implica una elección abierta que incluye múltiples opciones. Al disponer de tiempo completo, surge la posibilidad de elegir no solo institución, sino también el lugar geográfico, con la posibilidad de migrar de país.

En casos en los que se dispone de un abanico de opciones tan amplio, es necesario identificar claramente otros factores vinculados a la admisión, ya que en el panorama global de la educación superior, la organización, los requisitos de ingreso y la estructura de los programas de doctorado difieren significativamente, y dependen de factores como las tradiciones académicas, los sistemas educativos, las regulaciones gubernamentales de cada región e, incluso, las características del modelo educativo propio de cada universidad.

En Europa, la existencia del Espacio Europeo de Educación Superior ha unificado la diversidad preexistente de sistemas educativos: para entrar a un doctorado en Europa es requisito haber obtenido previamente un mínimo de 300 créditos del sistema ECTS,[2] lo que implica haber pasado necesariamente por una maestría previa.

Los últimos informes europeos[3] sobre la formación doctoral indican que se están dando cambios significativos, reconociendo en los doctorados una gama de nuevos roles basados en el conocimiento, que van más allá de la academia. Hay un fuerte foco de atención en la ética y la integridad de la calidad de la investigación, así como una priorización de las tareas de supervisión. A su vez, los programas doctorales actuales han puesto atención en la formación de capacidades transversales, tales como las competencias digitales y la comunicación eficaz.

---

2. ECTS = *European Credit Transfer System* (Sistema Europeo de Transferencia y Acumulación de Créditos)

3. Hasgall, A., Saenen, B., Borrell-Damian, L. *et al.* (2019). *Doctoral education in Europe today: approaches and institutional structures*. European University Association. https://eua.eu/resources/publications/809:doctoral-education-in-europe-today-approaches-and-institutionalstructures.html

Luego, hay características que los diferencian. Por citar algunos ejemplos de diferencias dentro de la Unión Europea, podemos mencionar que, en Alemania, por ejemplo, es común que los programas de doctorado sean menos estructurados, con un enfoque pronunciado en la investigación independiente desde el comienzo, con una gran flexibilidad para diseñar los propios planes de estudios de cada doctorando en consulta con sus supervisores/directores. En España, en cambio, se inicia la formación con una fase de cursos o periodo básico y luego se sigue con la fase de investigación.

En contraste, en el Reino Unido los programas de doctorado tienden a ser más estructurados, especialmente en las etapas iniciales, con un enfoque en la formación metodológica y teórica a través de cursos y seminarios.

En América del Norte, los Estados Unidos y Canadá, los doctorados presentan una tendencia hacia programas estructurados, combinando cursos, exámenes y la investigación de la tesis. Estos programas normalmente incluyen una fase de cursos seguida de exámenes de calificación, antes de pasar a la fase de investigación de la tesis. La estructura exacta y la cantidad de cursos pueden variar entre instituciones, pero generalmente hay un énfasis en una formación académica integral antes de entrar en la fase de investigación.

En América Latina, encontramos una mezcla de influencias tanto de los modelos europeos como norteamericanos. En países como Brasil, por ejemplo, los programas de doctorado acostumbran a tener una estructura más definida, con requisitos de cursos y seminarios en las primeras etapas, mientras que en Argentina puede haber una mayor flexibilidad y un enfoque más pronunciado en la investigación desde el inicio del programa. Esta variabilidad refleja tanto la diversidad cultural como las diferentes políticas educativas en la región.

En Asia, sobre todo en países como Japón y Corea del Sur, los programas de doctorado tienden a ser altamente estructurados, con un fuerte énfasis en la formación metodológica y la investigación supervisada. En China ha habido un movimiento reciente hacia una mayor flexibilidad en los programas de doctorado, aunque todavía se observa un componente significativo de cursos y capacitación estructurada.

Esta diversidad en la estructura y organización de los programas de doctorado a nivel mundial no solo refleja las diferencias culturales y educativas, sino que también ofrece a los estudiantes potenciales una amplia gama de opciones para encontrar el programa que mejor se adapte a sus necesidades académicas y personales. En la elección de un programa de doctorado, por lo tanto, se debe considerar no solo la disciplina y el área y las líneas de investigación, sino también las características específicas del sistema educativo y las tradiciones académicas de la región o país en cuestión.

Continuando con las variables a tener en cuenta, en segundo lugar, aparece el asunto de la duración del plan de estudios o estructura del programa, porque los programas de doctorado también varían considerablemente de país en país. Mientras que algunos pueden completarse en dos o tres años con una extensión máxima de hasta cinco años desde el ingreso, en otros pueden extenderse a más de seis o siete años. Esta variación no solo refleja las diferencias geográficas y disciplinares, sino también las expectativas académicas y los enfoques metodológicos de cada programa.

En tercer lugar, su organización interna, los programas de doctorado pueden categorizarse generalmente en dos tipos: estructurados y no estructurados. Los programas estructurados son a menudo más formales, con un enfoque definido en la formación académica y metodológica, mientras que los programas no estructurados brindan mayor flexibilidad y autonomía, enfocándose en el desarrollo de una investigación independiente.

Los programas estructurados suelen incluir cursos, seminarios y talleres obligatorios que proporcionan una base sólida de formación académica desde el inicio. Esta estructura facilita una comprensión integral del campo de estudio y otorga las herramientas metodológicas necesarias para la investigación. Por otro lado, los programas no estructurados permiten la inmersión inmediata en la investigación, ofrecen mayor autonomía y fomentan un enfoque más independiente.

En cuanto a los factores subjetivos, algunos programas de doctorado exigen exámenes antes de iniciar la fase de investigación propiamente dicha. Están diseñados para asegurar que la doctoranda o el doctorando tenga el conocimiento y las habilidades necesarios para emprender su proyecto de investigación. Otros programas, en cambio, se centran más en la evaluación continua y rigurosa del proyecto de tesis y en los resultados finales de la investigación. Algunas instituciones ofrecen una amplia gama de oportunidades para la orientación y el apoyo como tutorías frecuentes y acceso a recursos de investigación, otras pueden fomentar una mayor independencia. La disponibilidad de supervisión y apoyo es otro factor crucial que deberías considerar. En síntesis, la personalidad y situación particular de cada viajera y viajero darán la clave para optar por un programa de doctorado estructurado o no estructurado. Vaya aquí este resumen de las características de uno y otro para acompañar tu reflexión.

Aspecto	Doctorados estructurados	Doctorados no estructurados
Diseño curricular	Tienen un currículo predefinido con cursos, seminarios y talleres. La formación teórica y metodológica es más formal y estructurada.	Poseen un currículo más flexible, centrado en la investigación desde el inicio. Menos énfasis en cursos formales, que priorizan la investigación autónoma.
Metodologías de investigación	Enfoque en la enseñanza de metodologías de investigación a través de cursos y seminarios. Desarrollo gradual de habilidades de investigación.	Hay mayor libertad para elegir y desarrollar su metodología de investigación desde el comienzo, con menos orientación estructurada.
Sistemas de apoyo y acompañamiento	Suelen tener un sistema de supervisión más estructurado, con reuniones regulares y seguimiento constante. Acceso a talleres de habilidades y apoyo académico.	Menos supervisión regular que promueve la independencia del estudiante. Cada estudiante debe buscar activamente orientación y apoyo cuando lo necesite.
Tiempos/plazos	Plazos y etapas de investigación más definidos. La estructura del programa ayuda a mantener un cronograma claro.	Plazos más flexibles, adaptados al ritmo personal y al desarrollo de su proyecto de investigación. Mayor autonomía en la gestión del tiempo.
Interacción con pares y docentes	Mayor interacción formal con pares y docentes a través de cursos y seminarios. Oportunidades de colaboración en un entorno más estructurado.	Interacción basada en la iniciativa individual. Oportunidades de colaboración pueden depender de la red de cada estudiante y su participación en conferencias o eventos.

Este ensayo se circunscribe al formato más tradicional de formación doctoral. Sin embargo, ya existen nuevas modalidades que reflejan la evolución constante del panorama educativo para satisfacer las necesidades de un mundo académico y profesional en permanente renovación. Entre estas propuestas, se pueden mencionar:

- *Doctorados en línea*: estos programas se desarrollan completamente a través de campus virtuales y encuentros sincrónicos remotos.
- *Doctorados colaborativos o en cotutelas internacionales*: en estos programas se realiza la investigación doctoral en colaboración con dos o más instituciones académicas en diferentes países, trabajando con tutores/supervisores de distintas universidades y permitiendo una experiencia de investigación enriquecida por múltiples perspectivas culturales y académicas.
- *Doctorados basados en proyectos*: en lugar de centrarse en una única tesis, estos programas requieren que cada estudiante complete una serie de proyectos de investigación, que constituyen una contribución coherente al conocimiento en su campo de estudio.
- *Doctorados por compendio de publicaciones*: estos programas permiten obtener el doctorado a través de una serie de publicaciones académicas, apoyándose en la importancia de que las contribuciones ya han sido validadas por la comunidad científica.
- *Doctorados profesionales*: enfocados en un ámbito profesional particular, combinando componentes de investigación con la aplicación práctica del conocimiento en entornos profesionales específicos.
- *Doctorados industriales*: enfocados en profesionales de la industria, fomentan la investigación que es directamente aplicable a desafíos específicos del sector industrial, a menudo en colaboración con empresas.
- *Doctorados ejecutivos*: enfocados en la aplicación práctica de la teoría a problemas empresariales reales, con énfasis en la relevancia práctica sobre la teoría pura.

Finalmente, la elección de dónde realizar el doctorado incluye, como dijimos, otros elementos subjetivos. La elección puede estar influenciada por factores más personales, como la proximidad geográfica, los costos, las condiciones de acceso o la presencia de profesores o investigadores con los que te interese trabajar.

En estos casos, es crucial establecer un contacto previo con profesores o investigadores de esas universidades a las que se aspira ingresar. Este diálogo inicial puede ser invaluable para obtener la admisión en los programas doctorales y para informarse sobre posibles fuentes de financiamiento y becas. Algunas universidades buscan activamente investigadores para integrarlos a sus grupos de trabajo, y esta puede ser una excelente vía para lograr la admisión directa. Sitios web como Euraxess[4] y University Positions[5] ofrecen información valiosa sobre estas oportunidades, aunque casi completamente sobre países de Europa.

---

4. https://euraxess.ec.europa.eu
5. https://universitypositions.eu

7.
¿Cuándo debo hacer el doctorado?

Cuando sea tu momento.

…

Una vez más, no hay respuestas unívocas. Determinar el momento adecuado para emprender el viaje del doctorado es una cuestión que no posee una respuesta única y definitiva, dada su inherente dependencia de las circunstancias personales de cada persona.

Existen ciertos momentos en la vida de una persona que pueden ser más propicios para considerar la inscripción en un programa de doctorado. Entre estos, se pueden incluir: haber acumulado una experiencia laboral significativa que proporcione una perspectiva clara y valiosa para el proyecto de tesis; haber alcanzado un punto de inflexión en la carrera profesional donde se identifica la necesidad de hacer un aporte sustancial a la ciencia o para afrontar desafíos más complejos en su campo disciplinar; haber completado una maestría como parte de un trayecto formativo continuo; o haber alcanzado ciertos requisitos personales, financieros o familiares que faciliten la dedicación a estudios doctorales.

Entonces, la consideración del *cuándo* se realiza un doctorado alberga dos dimensiones: por un lado, el momento idóneo dentro de cada trayectoria profesional particular y, por otro, la disponibilidad diaria real para dedicarse al programa.

Realizar una tesis doctoral es un empeño que exige tiempo y dedicación considerable. Si bien es cierto que se puede encontrar tiempo para lo que se valora y desea, es fundamental evaluar si el tiempo que se dispone para redirigir desde otras actividades y compromisos hacia la investigación doctoral será suficiente. Además, será fundamental contar con el apoyo y la comprensión de aquellos involucrados en otras actividades y relaciones (familia y amigos) a quienes se quitará dedicación, porque, reitero, realizar un doctorado exige una considerable inversión de tiempo. Se requiere tiempo para la lectura, la investigación y la escritura, lo cual implica destinar numerosas horas, no solo durante la semana laboral, sino también en fines de semana.

La situación ideal es la realización de un doctorado a tiempo completo, contando con el financiamiento de una beca. Por esto, considerar la solicitud de una beca es tan trascendente como decidir cuándo hacer el doctorado, y alrededor del mundo hay infinidad de organizaciones gubernamentales y no gubernamentales que ofrecen becas para el financiamiento de los estudios de posgrado a las que se puede recurrir. Este es un registro –no exhaustivo– de organizaciones gubernamentales y no gubernamentales que ofrecen becas para estudios de doctorado:

País	Organización	Web
Alemania	DAAD	https://www.daad.de/en
Alemania	KAAD	https://www.kaad.de/en
Alemania	Fundación Alexander Von Humboldt	https://www.humboldt-foundation.de/en
Argentina	CONICET	https://convocatorias.conicet.gov.ar/becas
Canadá	Fundación Trudeau	https://www.fondationtrudeau.ca
Canadá	Becas Vanier	https://vanier.gc.ca/en/home-accueil.html
Corea del Sur	Fundación Corea	https://www.kf.or.kr
España	Fundación Carolina	https://www.fundacioncarolina.es
España	AECID	https://www.aecid.es/becaslectorados
Estados Unidos	Gates Cambridge	https://www.gatescambridge.org
Estados Unidos	Comisión Fulbright	https://eca.state.gov/fulbright
Francia	Becas Eiffel	https://www.campusfrance.org
Japón	Fundación Japón	https://www.jpf.go.jp/e
México	Consejo Nacional de Humanidades, Ciencias y Tecnologías	https://conahcyt.mx

País	Organización	Web
Panamá	SENACYT	https://www.senacyt.gob.pa
Reino Unido	Fundación Clarendon	https://www.ox.ac.uk/clarendon
Uruguay	Agencia Nacional de Investigación e Innovación	https://www.anii.org.uy
Internacional	Erasmus Mundus Joint Doctorates	https://www.em-a.eu/erasmus-mundus
Internacional	OEA	https://www.oas.org/es/becas

Con todo, cuando no se da la obtención de la beca, entre lo ideal y lo real, es preciso rescatar lo posible. Hacer un doctorado sin beca de investigación y a tiempo parcial es posible. Como es esperable será necesario que desarrolles más estrategias personales. Desde conocimientos y habilidades técnicas específicas, incluyendo el desarrollo desarrollo de la autorregulación como estrategia clave.

En los casos de los tesistas de tiempo parcial, más que en ningún otro caso, la disciplina será la encargada de conducir el viaje hacia dónde la motivación no llegue. Frecuentemente, se tratará de quitar tiempo a actividades placenteras, y será necesario que, si estás entre estos muchos candidatos a doctorado, equilibres la dedicación al estudio con otras responsabilidades laborales, personales y familiares, y encontrar un equilibrio punto medio entre estos diferentes compromisos.

Cada programa en cada institución tiene su propio reglamento, que dictamina los plazos para la entrega de la tesis y la finalización de los estudios, así como para otros requisitos y posibles extensiones o solicitudes de prórrogas. Será muy importante buscar la eficiencia del tiempo disponible y deberás tener muy en cuenta los plazos establecidos por el programa de doctorado en el que estés matriculado.

Como he dicho anteriormente, al doctorado *no se va a aprender*, sino a decir algo que no ha sido dicho antes. Para eso, mi sugerencia es que camines el camino, que vivas la profesión, que pruebes la investigación, antes de ingresar a un doctorado. La formación de grado seguramente sentó las bases epistemológicas de tu profesión y luego, los años de trabajo profesional permitieron contrastar las teorías aprendidas con las prácticas reales del ejercicio profesional. Allí es donde ocurre el decante, aparece el yo profesional, con pensamiento independiente, capaz de cuestionar lo aprendido y hacer aportes innovadores. Entonces, una vez caminado el camino, aparece el mejor momento para ingresar en un programa de doctorado.

8.
¿Quién puede dirigir mi tesis?

A priori, cualquier persona que se haya doctorado.

…

La primera condición, casi universal, que debe cumplir una persona para asumir la tarea de tutoría, supervisión o dirección de tesis de otra persona es tener grado académico de doctor. Y la segunda condición es que esa persona tenga la voluntad y el deseo genuino de acompañar al doctorando en el viaje intelectual que emprende.

Está claro que hay otras características menos taxativas, pero igualmente importantes. La persona elegida debería estar en plena actividad académica. Esto es que, como regla general, no deberías elegir que te dirija alguien que solo hizo tu tesis hace más de diez años atrás y no volvió a tener vínculo con la investigación, la docencia o la extensión de la disciplina en cuestión.

Para encontrar un director de tesis, tienes que preparar una comunicación clara del problema que esperas investigar, porque es crucial que la persona buscada no solo sienta interés por el tema propuesto, sino que sea capaz de visualizar que tiene los conocimientos necesarios para darte un acompañamiento efectivo y significativo en ese camino. No busques el sí de un director sin tener certeza previa del problema a investigar, o mínimamente del vacío disciplinar que has advertido con tus lecturas.

La elección de tu director es una parte neurálgica de esta etapa del recorrido. La relación que vas a establecer será de no menos de dos o tres años de trabajo continuo. Es fundamental que te sientas a gusto con tu director, que puedas desarrollar una relación de confianza y empatía, dado que el proceso de investigación es largo y a menudo desafiante. La compatibilidad personal y moral, además del soporte académico, será condición de posibilidad.

A la hora de elegir posible director, observa como condición *sine qua non* que cumpla los requisitos específicos de la institución. Y luego vienen otras características más personales, como su:

- Interés en tu tema de investigación
- Disponibilidad y compromiso real
- Experiencia y conocimientos en el área de investigación
- Estilo de supervisión y compatibilidad de estilos de trabajo y personalidad
- Red de contactos profesionales
- Reputación y retroalimentación de otros tesistas
- Habilidades de comunicación, diálogo y empatía
- Claridad y expectativas

Es aconsejable prepararte para posibles rechazos, porque es frecuente que debas intentar con varios posibles directores antes de obtener un sí. Identificar, al menos, tres candidatos potenciales te asegura un «plan B» en el caso de que el primero no esté disponible o no acepte.

Para cerrar la respuesta a esta pregunta, he de destacar que quien acepta dirigir una tesis en muchos países lo hará *ad honorem* y entre sus propias obligaciones académicas. De modo que dirigir tu tesis es solo una tarea más dentro de su agenda. Incluso en los países donde la tarea del director de tesis es rentada y considerada como un trabajo, el tesista no debería esperar que quien dirige «escriba la tesis». El trabajo pagado cambia la relación contractual, pero en absoluto cambia la relación académica.

La relación con tu director debe comenzar luego de la definición básica de los aspectos de la investigación. El director acompaña, orienta y sugiere, pero la investigación es tu responsabilidad. Esto te ubica en el lugar de líder y responsable de llegar a destino, es decir, te posiciona al mando de la relación y como sostén de la comunicación y el vínculo con tu director. Definitivamente, y en pocas palabras, ¡la tesis es del tesista!

Sea quien sea que dirija la tesis, será especialista en tal o cual disciplina, con más o con menos cercanía al cruce epistemológico que pretendes abordar en tu investigación. Pero en este punto, y tomada la decisión de emprender el viaje, como viajero comienzas a posicionarte como el especialista del cruce epistemológico particular que abordarás con la investigación. Y, llegado al punto de culminación del doctorado, como nuevo doctor o doctora, el viajero debería ser la persona que más sepa del problema abordado.

9.
¿Cómo ser un buen tesista?

Asumiendo el compromiso de liderar el viaje.

...

Recuerdo una anécdota sobre las dificultades de un niño en sus clases de arte en la escuela, especialmente con la técnica de la acuarela, que puede ser útil para ilustrar el viaje del tesista. Debido a sus características personales y estilo de aprendizaje, este niño intentaba pintar con extrema prolijidad, buscando mantener los contornos y las líneas base definidas. A pesar de sus esfuerzos, las críticas de su maestra no eran alentadoras, y las sensaciones de fracaso y desconcierto muy frecuentes. No fue hasta su adultez cuando, durante una visita a un museo de arte, descubrió que la verdadera esencia de la acuarela es *su capacidad para fluir más allá de líneas y contornos precisos* y entonces comprendió todo. Algo tan bello había sido un obstáculo por años, porque un niño es generalmente pasivo frente a las indicaciones docentes. A diferencia del personaje de la anécdota, un tesista es una persona adulta y no puede circunscribirse a explicaciones no dadas o preguntas no formuladas. La acuarela, con su naturaleza fluida y su tendencia a desbordar los límites es como el proceso de investigación de una tesis: un camino sinuoso, irregular, de bordes imprecisos, plausible de desprolijidades o borrones y por momentos con deseos de libertad. Un buen tesista debe estar dispuesto, a navegar esas aguas agitadas, aceptando que a veces el proceso de investigación tomará su propio curso, más allá de los planes y estructuras preestablecidas.

Para ser buen tesista, has de actuar de forma autónoma y portar la responsabilidad primera y última en todo el proceso de trabajo y sus resultados. Es esencial que asumas un rol activo y propositivo en la relación con el director o directora de tesis. Es tu deber tomar la iniciativa en la programación de encuentros, reuniones e intercambios con su director o directora. Eres el responsable de impulsar el proceso, no te corresponde esperar pasivamente instrucciones. Asimismo, deberías ser colaborativo, comprensivo y flexible para aceptar sugerencias, cambios de rumbo y otros aportes del director que impliquen modificar o, incluso, desandar parte del curso de la investigación ya desarrollada.

El director (o la directora) acompaña, orienta y sugiere, pero la investigación es tu responsabilidad.

Para cada tesista, el doctorado representa un camino único de descubrimiento y aprendizaje, donde se entrelazan la autogestión, la creatividad y la interacción académica. Cierro esta respuesta mencionando algunos equilibrios clave que deberías esforzarte por mantener en tu «yo tesista», para asegurar una experiencia tanto satisfactoria como fructífera durante este proceso intensivo y desafiante.

Equilibrios que debes intentar mantener	
Activo/Autónomo	Esto implica tomar la iniciativa en la planificación, investigación y escritura de la tesis, así como en la búsqueda de recursos y soluciones a problemas que surjan.
Colaborativo/Dialoguista	Esto significa desarrollar una relación efectiva con el director o directora de tesis basada en el diálogo y la colaboración, compartiendo ideas, progresos y preocupaciones.
Propositivo/Creativo	Esto implica aportar nuevas ideas y perspectivas a la investigación, formulando hipótesis innovadoras y proponiendo metodologías originales.
Responsable/Organizado	Esto significa gestionar eficientemente el tiempo y los recursos, establecer metas realistas, cumplir con los plazos y mantener un registro organizado de la investigación.
Crítico/Analítico	Esto implica desarrollar el pensamiento crítico y la habilidad para evaluar la literatura existente, analizar datos y sintetizar información de manera efectiva.
Receptivo/Adaptable	Esto significa estar abierto a la retroalimentación y estar dispuesto a adaptar la investigación según sea necesario, incluyendo estar abierto a nuevas direcciones o enfoques sugeridos.
Proactivo en la resolución de problemas	Esto implica aprender a superar obstáculos de manera activa y eficiente, adoptando un enfoque proactivo para identificar y resolver problemas.

Lee tesis ya defendidas

Te recomiendo comenzar explorando tesis doctorales ya defendidas. Se pueden encontrar en repositorios digitales con solo unos clics. La mayoría de las universidades sostienen una política de ciencia abierta y tienen en sus sitios web institucionales acceso a los repositorios digitales de su propia producción científica.

Además, existen portales que agrupan repositorios digitales de universidades, que no requieren pago o suscripción y pueden resultar muy útiles como punto de partida:

- LA Referencia: un portal que busca dar visibilidad a la producción científica de la educación superior e investigación de Iberoamérica, promoviendo el acceso abierto y al texto completo, en especial en los resultados financiados con fondos públicos (www.lareferencia.info).

- Red de Repositorios Latinoamericanos: un portal desarrollado por la Universidad de Chile a través de su Dirección de Servicios de Información y Bibliotecas (SISIB), con el objetivo de proporcionar una herramienta de fácil acceso a las publicaciones electrónicas en texto completo ubicadas en diferentes repositorios de los países de América Latina (repositorioslatinoamericanos.uchile.cl).

- SNRD: un portal del Gobierno de la República Argentina que cosecha todos los repositorios digitales de las universidades nacionales de gestión pública del país (repositoriosdigitales.mincyt.gob.ar).

- DART-EUROPE: un portal creado en 2005, por un consorcio de bibliotecas y universidades para dar mejorar el acceso global a las tesis de investigación europeas. (https://www.dart-europe.org/basic-search.php).

- OATD: un portal creado en 2013 por Thomas Dowling con pretensiones de ser el mejor recurso posible para encontrar tesis y disertaciones de posgrado en acceso abierto publicadas en todo el mundo. Actualmente indexa más de siete millones de archivos de más de mil universidades (oatd.org).

- NDLTD (Networked Digital Library of Theses and Dissertations): un portal creado por una organización internacional dedicada a promover la adopción, creación, uso, difusión y preservación digital de tesis y disertaciones de países alrededor del mundo (ndltd.org).

- EBSCO Open Dissertations: una iniciativa de EBSCO y la Fundación H.W. Wilson para dar visibilidad y accesibilidad a las tesis doctorales (opendissertations.org).

- BASE: un repositorio con más de 340 millones de documentos provenientes de más de 11.000 proveedores, sostenido por la Biblioteca de la Universidad de Bielefeld en Alemania (www.base-search.net).
- THESES CANADA: un portal del programa de colaboración entre el Gobierno y las universidades canadienses para dar difusión a sus investigaciones de tesis (library-archives.canada.ca).
- Shodhganga: un reservorio digital abierto de India, para que los investigadores y estudiantes depositen sus tesis y permitan, así, el acceso abierto a la comunidad científica (shodhganga.inflibnet.ac.in).

Cuando accedas a estos repositorios, te animo a leer tesis que te atraigan no solo por el título afín a tus intereses de investigación, sino también aquellas que llamen tu atención por su organización, metodología, enfoque, etc. Te invito a leerlas con una mirada analítica y crítica. Compara estructuras, advierte las diferencias en la metodología y profundiza en el análisis de la forma en que es presentado el marco teórico de cada trabajo. Esta lectura crítica de los textos te ayudará a identificar patrones de escritura académica y, lo que es más importante, a discernir el nivel de rigor y originalidad que caracteriza a una tesis doctoral.

Observa de qué manera los autores articulan su objetivo general con los específicos, cómo defienden la relevancia de su estudio y de qué manera presentan sus conclusiones y recomendaciones.

Presta especial atención a los verbos utilizados en la redacción de los objetivos y preguntas de investigación. Esto te ayudará a detectar si tienden más hacia la descripción, el análisis o la creación. Analiza cómo se relacionan estos verbos con los resultados y contribuciones de cada tesis. Reflexionar sobre estas cuestiones te ayudará a calibrar la ambición y alcance de tu propio proyecto doctoral. No subestimes el valor de leer las referencias bibliográficas al final de cada documento. Estas listas son auténticos tesoros que pueden dirigirte hacia fuentes primarias y secundarias esenciales para tu investigación. Pueden ser el punto de partida para construir tu propio marco teórico o darte orientaciones sobre el estado del arte. Cuando identifiques un texto que te resulta de interés, no te quedes con ese texto, busca todos los documentos que haya escrito el autor. Encontrar un material de interés no es encontrar un texto, sino un autor para seguir.

Leer muchas tesis defendidas y aprobadas agudizará tu mirada. Y pronto serás capaz de reconocer algunos trabajos que, a pesar de encontrarlos en los repositorios digitales de diferentes universidades, no siempre cumplen con todos los requisitos que son esperables (porque en ciencias sociales, ¡dos más dos casi nunca son cuatro!).

SUGERENCIA #2
No te fíes de tu pasión

Como ya he expresado, hacer una tesis doctoral exige una inversión considerable de tiempo y de esfuerzo, no solo del investigador o investigadora, sino también de parte de su comunidad inmediata, esto es, familia y amigos.

La pasión por el tema de investigación es esencial; sin ella, el camino puede volverse más arduo y pedregoso. Esta pasión es el motor que impulsará tu hacer, especialmente cuando te enfrentes a los desafíos y obstáculos que inevitablemente surgirán en el proceso.

Sin embargo, como usualmente se dice, *la disciplina te lleva donde la motivación no llega*; entonces la pasión debe estar indisolublemente unida a los buenos hábitos. Tan importante como la pasión es la perseverancia, el orden y la autorregulación.

Sé curiosa o curioso, no dejes pasar detalles, porque muchas veces serán los que te permitan avanzar en el camino de la investigación; sé cognitivamente flexible, acepta opiniones en contrario y, sobre todo, despliega tu escucha atenta. Hay muchos problemas esperando ser abordados a través de una tesis doctoral.

Hacer un doctorado es también escribir una tesis doctoral y, para esto, es preciso desarrollar el hábito de escribir. Ponte a prueba, escribe pequeños artículos e intenta publicarlos en revistas con referato. Si, aun si, te lo rechazan, la retroalimentación que te den te sería muy útil para ir formándote en la escritura.

Te sugiero desarrollar la humildad de pensamiento ante la observación de otros, la tolerancia ante las dudas que vas a atravesar en el devenir de tus propias ideas, y la cautela frente a los logros que vayas obteniendo.

Este es un buen momento para recordarte que una tesis doctoral se escribe para contribuir a la comunidad científica en general y no solo para tu interés personal o el de tu familia o tu comunidad profesional inmediata. También, en la consideración de tu pasión, es necesario considerar el aporte que esa investigación hará a los demás miembros de la disciplina.

PLANIFICANDO LA RUTA

10.
¿Cuál será mi tesis?

Te invito a pensar en un paraguas, como los que dibujabas en la escuela.

...

Imaginemos que la estructura de tu tesis es como un paraguas. El mando o empuñadura, desde donde lo sostienes, representa el *marco teórico*: aquello que ya ha sido dicho y aprobado por la comunidad científica, lo que te da un punto firme de apoyo. El bastón central simboliza el *estado del arte*; es decir, la relevancia de tu tema de investigación dentro de la disciplina y la manera en que ubicas tu propio trabajo en sintonía con lo que otros han hecho antes o lo están haciendo.

La tela que se extiende sobre las varillas representa el *objetivo general*: la máxima aspiración de tu investigación, aquello que buscas aportar a la disciplina como un todo. Las varillas o costillas, en cambio, son los *objetivos específicos*, esos pequeños logros intermedios que, paso a paso, te conducirán hacia el objetivo general.

Y, finalmente, llegamos a la *contera*, esa pequeña pero crucial pieza en la punta del paraguas. La contera es *tu tesis*: ese diminuto fragmento que atraviesa la tela, simbolizando lo nuevo, lo inédito, lo que no ha sido dicho antes. Es tu aporte al conocimiento de la disciplina, generalizable en cuanto puede ser replicado, y universalizable en cuanto tiene un interés atemporal y trasciende cualquier contexto local.

Tu tesis puede parecer solo una pieza más de este gran paraguas, pero no olvides que, sin ella, el conjunto no cumpliría su propósito. Es ese aporte lo que da sentido y razón de ser a todo lo demás. Entonces, el primer paso para poder abrir tu paraguas es identificar con certeza el marco teórico. Tu empuñadura, tu agarre seguro. La construcción del marco teórico se logra a base de un volumen considerable de lecturas.

Quien se enfrenta a la tarea de hacer una tesis doctoral, parte de supuestos. De ideas previas que le llevan a creer que hay algo que aún no se ha dicho científicamente. Estos supuestos requieren de un largo proceso de involucramiento con la teoría ya desarrollada y aceptada en la academia. El marco teórico de la tesis será tan amplio como teorías haya involucradas en el problema a investigar, pero, en términos generales, para poder afirmar que uno sabe del tema, debería haber identificado y poder referenciar un mínimo de 20 obras entre autores originales y comentaristas.

Después de haberte involucrado intelectualmente con las teorías vinculadas a tus intereses de investigación, el siguiente paso es dedicarte de forma exhaustiva y metódica a la búsqueda de un problema que tenga el alcance investigativo necesario. Pero, antes de seguir avanzando, hagamos un alto para explicar qué significa *alcance investigativo*.

Luego de mis años de trabajo en taller de tesis, encuentro tres criterios fundamentales que ayudan a un tesista a definir el alcance investigativo que tendrá su proyecto de investigación doctoral. Estos son: factibilidad, viabilidad y posibilidad de la tesis.

Entendemos por *factibilidad* la capacidad de completar el estudio dentro de los límites impuestos por el tiempo, el finciamiento, y el acceso a datos y/o poblaciones de estudio. Al decir *viabilidad*, nos referimos a la posibilidad práctica de llevar a cabo la investigación considerando la metodología requerida, el acceso a tecnologías específicas, la disponibilidad de los datos necesarios y la posibilidad de obtener los permisos necesarios para la investigación. La *posibilidad* de la tesis refiere a la capacidad de lograr objetivos de investigación realistas y acorde a tu situación particular. Es decir, que, una vez que comiences a analizar estos tres criterios, vas a empezar a vislumbrar progresivamente si el tema que te interesaría investigar está dentro de tu alcance investigativo, por lo que el paso siguiente es leer.

La clave de este momento está en leer, leer y seguir leyendo. Incansablemente. Ya no será la lectura de tesis defendidas como en la sugerencia anterior, sino que ahora es preciso leer todo aquello que sea de interés por su contenido específico. Es momento de comenzar a recopilar documentos, artículos, estudios previos y toda información relevante para los temas de interés. Esta colección inicial de documentos te servirá como base para profundizar en el área de estudio elegida e ir llegando, lentamente, al problema de investigación de tu tesis.

Volviendo a la pregunta acerca de: ¿cuál será mi tesis?, la respuesta surgirá una vez que hayas podido identificar un nicho de investigación, un área específica dentro de un campo de estudio que aún no ha sido explorada o donde existen preguntas sin responder, problemas sin solucionar, o aspectos que pueden ser investigados más a fondo. Este nicho representa la oportunidad para que aportes conocimiento nuevo y significativo a tu disciplina, llenando vacíos existentes en la literatura académica o abordando temas desde perspectivas novedosas.

Hay diversas formas de descubrir ese nicho en la disciplina, pero las podría intentar sintetizar en dos, no excluyentes. La primera forma se asocia a la consulta directa a expertos disciplinares y la segunda forma, a muchas (¡muchas!) horas de lectura intencional y direccionada sobre tu tema de interés.

Hacer entrevistas o consultas con académicos o profesionales del área puede proporcionarte perspectivas adicionales a tus inquietudes iniciales y ser muy valiosas por su conocimiento del campo disciplinar. Posiblemente, la forma más directa de encontrar un nicho de investigación es participando en grupos estables de investigación. Pero cabe recordar que ellos, los expertos, no definirán tu problema de investigación. En el mejor de los casos, te darán algunas orientaciones acerca de por dónde empezar a investigar, pero la tarea de identificar y construir el problema de investigación es de tu completa responsabilidad y autoría. Esta forma de encontrar nichos de investigación surge, entonces, cuando integras un equipo de investigación como becario, por ejemplo.

Si no tienes contacto o no eres parte de un grupo de trabajo, el camino de la lectura será el proceso idóneo para identificar el nicho de la investigación. Porque luego de mucha lectura, casi sin darnos cuenta, comienza a aparecer un espacio de vacancia específico y fértil para desarrollar una investigación. Además, a partir de la evaluación crítica de la literatura existente, tendrás la oportunidad de afinar tus habilidades analíticas, esencial para cualquier investigador, y no solo estarás construyendo (casi sin advertirlo) los cimientos de la tesis, sino también estarás desarrollando una comprensión más profunda de las metodologías, teorías y enfoques que han moldeado el campo de estudio en cuestión. Esta fase es fundamental para asegurarte que la contribución sea original, relevante y valiosa para el avance del conocimiento.

Aun cuando tu tema surga de un grupo de investigación, este proceso de estudio e indagación libre es para confirmar que lo que deseas abordar no ha sido ya explorado o discutido anteriormente por otros y asegurarte que la contribución sea original, relevante y valiosa para el avance del conocimiento. Recuerda que no se trata de hacer un doctorado para dar solución a un problema particular, sino de llenar un vacío que no ha sido investigado, por lo cual esta nueva parada crucial en el camino hacia la tesis se denomina *revisión rigurosa de literatura*.

11.
¿Qué es una revisión rigurosa de literatura?

Es el resultado de miles de horas de lectura silenciosa para construir el estado del arte.

…

Con la empuñadura del paraguas en la mano, ahora es preciso erigir el bastón. Es decir, el estado del arte de la tesis. Una revisión rigurosa de literatura es un proceso de búsqueda, análisis y síntesis de publicaciones existentes relacionadas con el interés particular o la pregunta específica que se desea investigar. Se realiza para comprender el estado actual del conocimiento relativo a la búsqueda temática particular e identificar vacíos pasibles de ser investigados y abordados a través de una tesis doctoral. Este proceso de revisión no es solo una mera acumulación de información, sino un examen exhaustivo y crítico de la literatura relevante en el área elegida.

El objetivo de la revisión de la literatura es que puedas demostrar un conocimiento sólido del campo de estudio y justificar la vacancia y relevancia de la investigación propuesta. Esto implica tomar conocimiento de las investigaciones pasadas y, sobre todo, recientes, de los últimos tres o cinco años, que muestren las tendencias actuales y den cuenta de posibles vacíos de conocimiento. Claramente no es deseable hacer una tesis doctoral concluyendo con tales o cuales afirmaciones y luego descubrir que otro investigador ya lo ha dicho. La revisión rigurosa permite entre otras cosas, evitar esfuerzos de investigación que ya fueron hechos por otros.

La revisión debe ser lo suficientemente amplia como para demostrar que los hallazgos de la tesis, que, oportunamente fueron puestos en un marco teórico y metodológico bien fundamentado, se relacionan coherentemente con la literatura existente. Como he dicho, para un marco teórico se deberían poder identificar no menos de 20 obras; y, para la construcción del estado del arte, en un proyecto de tesis doctoral podría incluir un número equivalente de referencias, dependiendo de la amplitud del tema y la complejidad del campo de estudio. Lo crucial es que estas referencias permitan argumentar de manera clara y sólida la necesidad del estudio y su contribución al conocimiento. Después, esta revisión se continúa ampliando durante la investigación y la tesis finalmente presentada debería mínimamente triplicar las referencias mencionadas.

Entonces deberías hacer la revisión rigurosa de literatura con el fin de:

- Identificar brechas en el conocimiento para descubrir áreas en las que haya limitaciones en la investigación vigente, y que son precisamente las que se convertirán en oportunidades para tu investigación.
- Refinar y enfocar el tema de investigación, visualizando posibles recortes e identificando preguntas específicas o aspectos del problema que no han sido completamente explorados.
- Evaluar los métodos utilizados, los enfoques adoptados y las limitaciones en las investigaciones encontradas, para que puedas diseñar tu investigación de modo tal que aborde de manera efectiva las debilidades identificadas en la literatura existente.
- Justificar tu elección del tema y sus recortes a fin de ir dando forma al problema de investigación, dado que lo podrás contextualizar dentro del marco teórico existente y demostrar de qué manera tu investigación contribuirá al campo.

Es importante establecer una diferenciación entre la revisión rigurosa y la revisión sistemática de literatura. Mientras que la revisión rigurosa aporta una visión general del estado del arte, sin una metodología específica, la revisión sistemática es un protocolo específico que se lleva adelante siguiendo un procedimiento particular con el fin de realizar una metasíntesis cuantitativa de los resultados obtenidos por estudios previos sobre un determinado tema. Si bien esta técnica puede ser muy útil en el marco de una investigación doctoral, recomendaría utilizarla una vez que hayas identificado tu problema de tesis y tengas preguntas específicas.

Desde este momento deberías considerar el uso de gestores de bibliografía. Los gestores de bibliografía son herramientas digitales, de las que puedes servirte para crear tus propias bases de datos de referencias, a partir de las diversas fuentes recopiladas. La principal función de estos gestores es automatizar el proceso de citación asegurando precisión y coherencia. Estas herramientas son completamente necesarias durante la etapa de revisión de literatura, debido a que el volumen de archivos digitales que se maneja es considerable. Entonces, si acumulas cientos de documentos en PDF sin orden alguno o sin el uso de un gestor, recuperarlos luego para su uso, será muy complejo y podrías cometer plagio involuntario, como veremos más adelante.

12.
¿El tema es el problema?

No.

…

Vamos a mirar la imagen completa. Si nos imaginamos un embudo que se va cerrando, la circunferencia inicial es la disciplina, el primer ajuste es la subdisciplina, luego viene el tema y, justo después, el tubito final es el problema.

La disciplina proporciona las bases epistemológicas y las perspectivas teóricas, metodológicas y epistemológicas desde las cuales se abordará el estudio. La subdisciplina delimita un área específica de conocimiento dentro de la disciplina. El tema es una unidad específica de análisis dentro de la subdisciplina y corresponde a un conjunto de fenómenos, dinámicas o prácticas que serán objeto de estudio. El problema de investigación es la formulación precisa de una cuestión o vacío de conocimiento que se abordará en la tesis. Este es el núcleo de la investigación, y debe surgir del análisis crítico de la literatura y estar justificado teórica y metodológicamente.

El tema de investigación, entonces, se refiere al área general de interés sobre la cual se centrará tu estudio. En el contexto de la tesis doctoral, el tema representa el campo amplio dentro del cual se buscará identificar un problema específico para explorar. Es el marco conceptual dentro del cual se encuadra el problema de investigación y las preguntas específicas que habrá que responder.

El problema de investigación de tesis doctoral, entonces, es la cuestión fundamental o el desafío específico que se propone explorar, analizar y responder a través de la investigación. Constituye el núcleo central sobre el cual se construye toda la investigación doctoral; es la guía para el desarrollo de la hipótesis o supuestos, la metodología, el análisis de datos y las conclusiones del trabajo, y permite, además, justificar su relevancia y necesidad dentro del campo académico correspondiente. Se redacta como una descripción o explicación de una situación, fenómeno o vacío de conocimiento. En algunos casos, en lugar del problema, se puede incluir la pregunta de investigación, que deriva del problema. La pregunta, a diferencia del problema, es su concreción, a través de un cuestionamiento claro, específico y factible de responder dentro de los límites de la tesis.

Durante las entrevistas en talleres de tesis, a menudo he observado que los tesistas presentan grandes núcleos temáticos de interés que podrían desagregarse en dos o tres tesis doctorales. Por ello, es indispensable comprender la diferencia entre elegir un área general de interés (tema) y definir un aspecto específico de esa área para investigar (problema). Esta comprensión te guiará en la formulación de una pregunta de investigación clara, enfocada y manejable.

Para llegar del tema de interés al problema de investigación doctoral, es necesario realizar una serie de recortes. El recorte no es solo un acto de poda, sino un conjunto de decisiones estratégicas para *llegar al punto dentro del punto*, porque eso es una tesis doctoral, es haber encontrado un punto que no ha sido dicho o investigado y merece que alguien tome la posta.

Al *punto dentro del punto* se llega entonces tras haber hecho la revisión rigurosa de literatura sobre el tema particular, haber identificado, luego, vacíos o lagunas no estudiadas, haberse hecho una serie de preguntas de investigación y haber corroborado la factibilidad, viabilidad y posibilidad de abordar el problema encontrado.

En disciplinas como las ciencias sociales, el problema de investigación puede estar acompañado de supuestos. Los supuestos son creencias no examinadas o premisas que todo investigador asume como verdaderas para los fines de su estudio y que se toman como punto de partida para abordar el problema mayor, el tema que se quiere investigar. Los supuestos subyacen en la metodología y el enfoque teórico de la investigación y, aunque no se prueban directamente dentro del estudio, tienen un impacto en la interpretación y comprensión del problema. El problema de investigación, en cambio, constituye el qué de la investigación, el objeto de estudio.

Después de haber leído ¿cientos? ¿miles? de documentos sobre el tema de interés para la tesis, es probable que hayas empezado a identificar con mayor claridad algunas puntas de investigación que te lleven a encontrar el problema de tesis. En ese punto podemos afirmar que ya has encontrado la ruta indicada hacia el doctorado.

Un ejercicio no académico, que sugiero hacer, es intentar visualizar la tesis, abrazarla completamente con la imaginación. Esta visualización no solo ayuda a «ver» su alcance, sino también a medir hasta dónde llegan los brazos para ese abrazo. La capacidad de visualizar mentalmente la tesis añade una dimensión clave al proceso de planificación y ejecución del proyecto de investigación. No se trata de visualizar solo el resultado final de la tesis, sino cada etapa del proceso. Esto permite abordar la investigación con una perspectiva más amplia, anticipando desafíos y planificando estrategias para superarlos. Además, ver mentalmente el proyecto completo permite mantenerse alineado con los objetivos y asegurarse de que cada paso que damos contribuye a esos objetivos. Es un acto de equilibrio que permite balancear «lo que se puede abrazar» (los conocimientos y recursos ya disponibles y seguros) con «lo que se necesita explorar» (las áreas de incertidumbre y potencial innovación). Resulta fundamental para desarrollar una investigación rigurosa, coherente y que aporte novedad al ámbito académico.

Como venimos analizando, el sentido de una tesis doctoral es profundizar de manera detallada y exhaustiva en un aspecto específico dentro de un área disciplinar también específica, en lugar de abordar superficialmente un tema más amplio. Esto hace que encontrar el problema de investigación en la ruta al doctorado sea de tal relevancia que, podría decir –de manera un tanto exagerada– que quien encuentra el problema ya tiene el 50 % de la tesis realizada. Para ese tesista que encontró el problema, es como haber hecho cumbre, lo que resta es bajar la montaña.

13. ¿Una tesis debería tener *porqués* y *paraqués*?

Sí. Los *porqués* son la misión de la tesis, y los *paraqués* son su visión.

...

La misión de una tesis puede entenderse como el propósito fundamental o la razón de ser de la investigación; responde a la pregunta de *por qué* se lleva a cabo el estudio. Por otro lado, la visión de una tesis se refiere a los objetivos a largo plazo o al impacto que se espera generar con los resultados de la investigación, respondiendo a la pregunta de *para qué* se realiza el estudio. La misión guía el desarrollo del trabajo, manteniendo el enfoque en las motivaciones y necesidades iniciales, mientras que la visión ayuda a dirigir los esfuerzos hacia los resultados deseados y el impacto potencial, proporcionando un marco para interpretar los beneficios y aplicaciones de la investigación. La misión y la visión deben estar alineadas para comunicar de manera efectiva el valor y la relevancia del estudio que se va a llevar a cabo.

Los *porqués* aparecerán claramente como resultado de la revisión de literatura (de aquí la importancia de una buena revisión previa), y su redacción se inscribe en el apartado de la justificación de la tesis. ¿Por qué esta tesis puede ser útil o necesaria para la comunidad científica? ¿Por qué este problema específico merece ser estudiado? ¿Qué lagunas o vacíos en el conocimiento existente motivan esta investigación? Los *porqués* entonces hacen referencia a las razones, motivaciones y antecedentes que llevan a un tesista a la realización de la investigación y a esta altura del camino ya están definidos.

Los *paraqués* delinean las aspiraciones de la investigación, proyectando su contribución al avance del conocimiento; se enfocan en los objetivos que se propongan como metas a lograr, y en las aplicaciones o transferencias que se prevea hacer luego de la investigación. Las preguntas aquí son: ¿Para qué hago este estudio? ¿Qué impacto o aporte espero hacer a la comunidad científica?, ¿Qué espero lograr?

Tus paraqués se expresan a través de la redacción de los objetivos de investigación. Así es como se definen las aspiraciones y donde el destinatario (director, evaluador, lector, comunidad científica) posará sus expectativas. Por ende, la redacción de los objetivos de la tesis doctoral, desde una perspectiva didáctica, es tan importante como lo fue antes la identificación del problema.

Voy a elegir dos modelos de redacción de objetivos propuestos muchos años atrás, pero completamente vigentes, que te pueden resultar de gran ayuda. Se trata de esquemas para la redacción de objetivos nacidos, uno en el ámbito de la gestión empresarial y otro en el de la psicología educativa, y que podrías usar en la redacción de los objetivos de esta investigación.

El primero es el modelo SMART, propuesto por George Doran en su artículo *There's a S.M.A.R.T. way to write management's goals and objectives*,[6] publicado en 1981 en la revista *Management Review*. SMART es un acrónimo, en inglés, que describe las características esenciales de cómo debe estar formulado correctamente un objetivo. Según el modelo, un objetivo debe ser:

- (*Specific*) Específico: para describir de forma precisa y evitando ambigüedades lo que se quiere lograr.
- (*Measurable*) Medible: para evaluar el progreso y el cumplimiento del objetivo, definiendo indicadores y criterios claros.
- (*Achievable*) Alcanzable: para que sea factible de ser realizado dentro de las limitaciones de tiempo, recursos y contexto de la investigación.
- (*Relevant*) Relevante: para contribuir al de manera significativa al progreso y avance del conocimiento en línea con el objetivo general.
- (*Time-bound*) Temporal: para facilitar la planificación, evaluación del progreso y concreción dentro de los tiempos predeterminados.

El segundo de los modelos que sugiero es la taxonomía propuesta por Benjamin Bloom. Tras una convención de la Asociación Norteamericana de Psicología en Boston, en 1948, el Dr. Benjamin Bloom, que era especialista en educación de la Universidad

_____

6. Doran, G. T. (1981). There's a S.M.A.R.T. Way to Write Management's Goals and Objectives. *Management Review*, 70, 35-36.

de Chicago, lideró un grupo de expertos para desarrollar una clasificación de objetivos educativos en tres dimensiones: cognitiva, afectiva y psicomotora. El trabajo de Bloom y sus colegas culminó en 1956 con la publicación del libro *Taxonomy of Educational Objectives: The Classification of Educational Goals. Handbook I: Cognitive Domain*, de más de doscientas páginas, que se conoce como *taxonomía de Bloom*, y desde entonces ha sido (no sin cuestionamientos) uno de los marcos más influyentes para clasificar objetivos de aprendizaje.

Si bien los objetivos de una investigación cuyo fin es la redacción de una tesis doctoral no son en sí mismos objetivos de aprendizaje, para investigaciones típicas en ciencias sociales que se centran en temas como el análisis de políticas, estudios culturales, sociología del comportamiento, entre otros, los objetivos de investigación suelen centrarse más en la comprensión y análisis de fenómenos sociales, la evaluación de teorías y la contribución a discusiones teóricas; es posible utilizar algunos conceptos de la taxonomía, y pensarlos en términos de desafíos cognitivos de la tarea de investigación.

La dimensión más conocida de taxonomía de Bloom, la cognitiva, es una clasificación de los niveles de pensamiento desde orden inferior a orden superior, entendiendo por esto menor o mayor complejidad y desafío en los procesos cognitivos que la persona pone en juego. Esta clasificación va acompañada de una selección de verbos sugeridos para la definición de dichos objetivos. Los niveles de pensamiento, de acuerdo con Bloom, son seis: *conocimiento, comprensión, aplicación, análisis, síntesis y evaluación*. Los dos últimos son los que con mayor claridad se vinculan a lo que el modelo define como *niveles de pensamiento o procesos cognitivos de orden superior*. Sus discípulos, Anderson y Krathwohl,[7] publicaron una actualización del modelo en 2001, en la cual uno de los cambios más notables fue la transformación de los nombres de las categorías *de sustantivos a verbos*, reflejando, así, una visión más dinámica y activa del aprendizaje como un proceso continuo y no como un producto o resultado definitivo y estático. Además, propusieron una ligera reorganización de los niveles, enfatizando

---

7. Anderson, Lorin W. y Krathwohl, David R. (2001). *A taxonomy for learning, teaching, and assessing: a revision of Bloom's taxonomy of educational objectives: complete edition*. Longman.

el crear (y ya no la evaluación) como el nivel más alto de complejidad cognitiva.

- Conocimiento (*conocer*): recordar datos o información.
- Comprensión (*comprender*): entender el significado de la información.
- Aplicación (*aplicar*): usar la información en situaciones nuevas.
- Análisis (*analizar*): descomponer la información en partes y entender su estructura.
- Evaluación (*evaluar*): juzgar y formar opiniones sobre la información.
- Síntesis (*crear*): compilar información de diferentes fuentes para formar una idea nueva.

Como he anticipado, la correcta elección de los verbos que se utilice en la redacción de los objetivos, ya sea el general o los específicos, contribuirá a la definición de las expectativas respecto de la investigación a desarrollar y, en consecuencia, a ojos de un director o evaluador entrenado, rápida información respecto de si el tesista está bien orientado en su camino.

Si bien todos los verbos pueden ser utilizados en la redacción de objetivos, a la hora de elegir uno para el objetivo general, dado que este será uno único y dará cuenta de la visión general de la investigación a desarrollar (recordemos los rayos y la tela del paraguas), mi sugerencia es elegir un verbo que se corresponda con los niveles superiores de la mencionada Taxonomía.

14.
¿Qué es el objetivo general de la tesis?

Es la declaración pública de la máxima aspiración de tu investigación.

…

El objetivo general de una tesis doctoral es una afirmación central que enmarca el fin último que se persigue. Elegir un verbo para ese objetivo no es una tarea menor ni neutra. Ese verbo es una promesa de recorrido. Declara, desde el inicio, el tipo de camino que la investigación se compromete a transitar. No es lo mismo proponer *describir, interpretar, analizar, construir, transformar* o *evaluar*.

Si bien en una tesis doctoral podríamos afirmar que lo que verdaderamente sostiene el valor de la investigación es la pregunta que la impulsa, el enfoque que la orienta, y el posicionamiento del investigador frente al objeto y al proceso mismo de conocimiento, mi sugerencia es hacer consciente la elección del verbo. No se trata de convertirlo en un criterio epistemológico normativo, sino de utilizarlo como una herramienta didáctica potente para proyectar y clarificar el sentido de la tesis. Saber que con él se está delineando una forma de vinculación con el objeto de estudio, una lógica de producción de conocimiento y una expectativa sobre el tipo de hallazgos posibles.

1. Si eliges verbos de la categoría *Recordar*

Probablemente estés proponiéndote sistematizar, compilar o rescatar información ya existente, a través de verbos como *identificar, enumerar, reconocer, recuperar* o *nombrar*. En este tipo de tesis, el aporte radica en reconstruir saberes dispersos, experiencias olvidadas o documentos inaccesibles, lo que puede ser especialmente valioso en campos donde hay vacíos de memoria, escasez de registros o fragmentación del conocimiento. Este enfoque exige justificar por qué ese rescate tiene hoy valor científico y social, y se ha de ser cuidadoso en no caer en una mera acumulación descriptiva.

Aquí caben preguntas como: ¿Qué nuevas conexiones habilita este rescate? ¿Cómo ilumina aspectos silenciados u olvidados?

2. Si eliges verbos de la categoría *Comprender*
Estarías orientando tu tesis hacia un enfoque interpretativo o hermenéutico, propio de quienes desean captar los sentidos, las lógicas internas y las significaciones profundas de un fenómeno. Verbos como *comprender, interpretar, explicar, ejemplificar* o *traducir* son frecuentes en investigaciones que priorizan la lectura situada y compleja de los procesos humanos, educativos o institucionales. El desafío estará en lograr una comprensión densa y anclada en contexto, sin renunciar a la posibilidad de transferencia. Para ello, será clave explicitar desde qué perspectiva se comprende y qué elementos del caso particular pueden ser pensados en otros escenarios. Aquí caben preguntas como: ¿Qué aspectos de tu investigación iluminan situaciones similares? ¿Qué aspectos de tu tesis abren nuevas miradas sobre lo que ya se creía conocido? ¿Qué tensiones o contradicciones emergen desde una lectura situada?

3. Si eliges verbos de la categoría *Aplicar*
Estarías asumiendo una tesis que no se limita a usar algo previamente formulado, sino que busca ponerlo en acción en un contexto real, para aprender de ese cruce entre teoría y práctica. Verbos como *aplicar, implementar, usar, operar, transferir* o *adaptar* indican que trabajarás con modelos, propuestas, dispositivos o herramientas, y que observarás sus efectos o condiciones de funcionamiento en el terreno. Esto requiere claridad sobre qué se está aplicando, cuáles son sus supuestos, cómo se adapta al contexto y con qué criterios se valoran sus resultados. Más allá de contar lo que hiciste, deberás pensar qué aprendiste sobre el modelo, sobre el contexto y sobre ti como investigador. Aquí caben preguntas como: ¿Qué funcionó y qué no? ¿Qué cambió en el proceso? ¿Qué límites o posibilidades mostró tu propuesta al ser llevada a la práctica?

4. Si eliges verbos de la categoría *Analizar*
Estarías proyectando una tesis que busca desarmar lo complejo para entenderlo en profundidad. Verbos como *analizar, examinar, categorizar, comparar, contrastar* o *desagregar* se vinculan con investigaciones que pretenden revelar estructuras, relaciones, tensiones o lógicas que no son evidentes a simple vista. En este camino,

será fundamental cuidar el equilibrio entre profundidad y fragmentación: analizar no es romper en pedazos, sino comprender cómo cada parte se articula en un todo significativo. Aquí caben preguntas como: ¿Qué dimensiones ocultas emergen cuando se descompone lo que parecía simple? ¿Cómo se relacionan entre sí las partes del fenómeno? ¿Qué nuevas interpretaciones se habilitan al mirar desde una lógica analítica?

5. Si eliges verbos de la categoría *Evaluar*
Estarías anunciando que tu tesis asumirá la complejidad de emitir juicios informados y argumentados. Verbos como *evaluar, valorar, juzgar* o *criticar* suponen una tarea que no puede reducirse a decir si algo «funciona» o no, sino que exige criterios sólidos, fundados y explícitos para sustentar las valoraciones. Esto implica ser consciente de tu posicionamiento: toda evaluación dice tanto del objeto como del sujeto que la emite. Necesitarás construir marcos teóricos, estándares o principios desde los cuales mirar y ser riguroso en cómo justificas cada decisión. Aquí caben preguntas como: ¿Qué criterios usas para valorar lo que estudias? ¿Desde qué lugar hablas cuando jerarquizas, priorizas o cuestionas? ¿Cómo evitas que tu juicio sea una simple opinión o un dictamen externo?

6. Si eliges verbos de la categoría *Crear*
Estarías planteando una tesis que busca aportar algo original: una propuesta, un modelo, un enfoque o una herramienta que no existía previamente. Verbos como *crear, diseñar, construir, formular* o *proponer* denotan una voluntad de intervención fundada. En investigación, crear no es inventar desde el vacío, sino construir algo nuevo a partir de una comprensión profunda del problema y de una sólida fundamentación conceptual. La creatividad aquí es rigurosa, argumentada y situada. Además, si lo que diseñas se pone en práctica, será necesario analizar su uso, sus efectos, sus límites y sus aprendizajes. Las preguntas clave serían: ¿Qué aporta tu propuesta al campo? ¿Cómo se justifica su necesidad y pertinencia? ¿Qué pasó cuando se la puso a prueba, si es que se hizo? ¿Qué abre y qué cierra esa creación?

15.
¿Qué son los objetivos específicos?

Son pequeños pasos y pequeños logros.

…

Los objetivos específicos son los peldaños que conducen hacia el objetivo general. Representan metas concretas, precisas y delimitadas que organizan y operacionalizan el recorrido investigativo. Mientras que el objetivo general define la máxima expectativa y aspiración de sentido, los específicos dividen ese panorama en acciones abordables, secuenciales y medibles, cada una con su propia lógica interna. En una tesis doctoral, estos objetivos no deben pensarse como tareas aisladas ni como pasos técnicos, sino como decisiones de investigación que articulan el problema, el enfoque, el método y la forma de construir conocimiento.

Redactar buenos objetivos específicos implica, entre otros detalles, elegir cuidadosamente los verbos, atendiendo a lo que efectivamente se va a realizar: ¿se pretende *identificar, describir, analizar, interpretar, comparar, evaluar, proponer*? Cada verbo es una forma de mirar el objeto de estudio y una forma de intervenir en él. Y, como tales, su selección implica decisiones metodológicas. Así como no es lo mismo *analizar* que *comprender*, tampoco es lo mismo *examinar* que *evaluar*, o *comparar* que *contrastar*. Lo importante es que todos ellos contribuyan de manera coherente, no redundante y complementaria al logro del objetivo general.

Cada objetivo específico tiene que comenzar con un verbo en infinitivo y, en mi recomendación personal, responder al protocolo SMART: ser *específico, medible, alcanzable, relevante* y *temporalizable*. Eso no significa transformar el objetivo en un cronograma de tareas, sino asegurarte de que cuando abordes la tarea puedas comprender con claridad qué se pretende lograr, cómo se va a abordar y por qué tiene sentido hacerlo en el marco de la tesis.

Un buen objetivo específico no solo anticipa lo que se hará, sino que abre una pregunta metodológica: ¿cómo vas a identificar eso que buscas identificar?, ¿cómo vas a describir eso que vas a describir?, ¿desde qué categorías vas a analizar?, ¿qué dimensiones vas a comparar?, ¿con qué criterios vas a evaluar?, ¿qué fundamentos tiene lo que vas a proponer? Cada verbo llama a una operación intelectual concreta y, por eso, cada objetivo específico requiere también un procedimiento adecuado que lo haga viable y una justificación que lo haga relevante.

Cada uno de estos objetivos ha de proponer una unidad de análisis concreta, anticipar un modo de abordaje metodológico y vincularse directamente con la comprensión global que la tesis busca construir. No deben presentarse como un listado de tareas, sino como el andamiaje que sostendrá la construcción del conocimiento a lo largo de toda la investigación.

Su redacción es una oportunidad para dar cuenta de las decisiones teóricas, técnicas y éticas de cómo se va a transitar el camino del problema investigado.

16.
¿Es un objetivo o es una actividad?

Depende de si responde al *qué* o al *cómo*.

…

Comprender la diferencia entre *objetivos* y *actividades* es esencial para estructurar tu proyecto de tesis de manera adecuada y para comunicar el plan de investigación de forma efectiva. También es clave para mantener el rumbo correcto en la investigación y evaluar su progreso.

Conforme a lo dicho, los objetivos son los fines que se aspira alcanzar con la investigación y representan el *para qué* de la tesis. Son las declaraciones de los resultados que se espera lograr y lo que se busca aprender o demostrar. En cambio, las actividades representan el *cómo* del proyecto, es decir, los medios para alcanzar esos fines. Son las tareas específicas que se llevarán a cabo. Incluyen las acciones concretas.

Aquí entran en juego todas las decisiones metodológicas y las técnicas que vayas a utilizar para recopilar y analizar datos, realizar experimentos, aplicar encuestas, llevar adelante entrevistas o analizar documentos.

Cierro esta respuesta con un ejemplo en el cual se integran objetivo general, objetivos específicos y actividades:

OBJETIVO GENERAL
Evaluar el uso de las redes sociales en las dinámicas de comunicación interpersonal entre los usuarios en la era digital.

Objetivo específico 1

- Analizar cómo las redes sociales han modificado las formas de comunicación interpersonal entre los jóvenes de 18 a 25 años.

- Realizar un análisis bibliográfico de estudios previos sobre comunicación interpersonal y uso de redes sociales en este grupo etario.
- Diseñar y aplicar una encuesta en línea para recoger datos sobre las preferencias de comunicación y el uso de redes sociales en jóvenes de 18 a 25 años.

Objetivo específico 2

• Identificar las principales diferencias en la comunicación interpersonal en redes sociales comparadas con las interacciones cara a cara.

ACTIVIDADES

- Organizar grupos focales con usuarios frecuentes de redes sociales para explorar percepciones y experiencias en la comunicación en línea versus cara a cara.
- Codificar los fragmentos relevantes de las transcripciones de los grupos focales empleando Atlas.ti.

Objetivo específico 3

• Conocer los efectos de las redes sociales en la calidad de las relaciones interpersonales y el bienestar emocional de los usuarios.

ACTIVIDADES
- Desarrollar y validar un instrumento de medición para describir las relaciones interpersonales y el bienestar emocional relacionado con el uso de redes sociales.
- Aplicar el instrumento validado a una muestra representativa de usuarios de redes sociales y analizar estadísticamente los resultados para determinar correlaciones y causas.

17.
¿Es el momento de hacer el primer borrador del proyecto de tesis?

Sí.

…

El proyecto de tesis es el mapa completo, la hoja de ruta del camino a seguir. Necesitarás madurar el diseño de este mapa y serán necesarias varias versiones en borrador hasta conseguir la versión final. Las sugerencias dadas en esta etapa del camino serán de gran ayuda para iniciar estos borradores.

Si bien aún estamos en la etapa de planificación de la ruta, a estas alturas ya está definido con certeza el tema de interés de tesis, se han identificado posibles directores, se ha realizado una revisión rigurosa de la literatura existente e, incluso, se ha comenzado a esbozar el problema de investigación. Entonces, sí, el paso siguiente es comenzar a darle forma al primer borrador del proyecto de tesis.

Conviene recordar que el borrador del proyecto es tu responsabilidad como tesista, serás quien lo escriba y lo presente para que el director lo revise y lo corrija, no deberías esperar que suceda en sentido inverso. Y deberías saber, antes de comenzar, que lo vas a escribir y reescribir muchas más veces de las que te gustaría. Y que las «idas y vueltas» con tu director serán numerosas, y por momentos ríspidas. Será un largo proceso de aprendizajes y negociaciones.

Antes de abordar el desafío de la escritura, y aunque no será la escritura formal del proyecto de tesis, sino una primera versión, deberías igualmente consultar la normativa específica del programa de doctorado al cual aspiras ingresar o al que has ingresado, particularmente en lo que respecta a la presentación del proyecto o plan de tesis para ir trabajando sobre seguro. Es fundamental completar los requisitos indicados con la mayor rigurosidad posible para asegurar que el proyecto cumpla con los estándares y expectativas del programa y sea aprobado por las autoridades correspondientes.

Si bien cada institución define sus criterios, en términos generales la mayoría de los programas suelen solicitar que se incluyan en la presentación los elementos que detallo a continuación:

Apartado	Detalle
Título	Debe reflejar de manera precisa y clara el contenido y el enfoque de la investigación, y su extensión debería evitar ir más allá de 30 palabras
Introducción	Debe proporcionar un panorama general de la investigación a llevar adelante, presentando el tema, destacando su importancia y preparando el terreno para mencionar el problema de tesis.
Problema de investigación	Debe ser el párrafo (o párrafos) fundamentales del proyecto, a través del cual se identificará claramente la pregunta central o el desafío específico que la investigación se propone resolver o explorar.
Objetivo general	Debe exponer el propósito principal de la investigación y su fin último; es uno, único, y debería dar cuenta de la visión integral y total de lo que se espera lograr con la tesis.
Objetivos específicos	Deben dar cuenta de las expectativas concretas o logros parciales que posibilitarán alcanzar el objetivo general; pueden ser dos o más y no deben confundirse con actividades a realizar.
Justificación	Es la explicación de por qué es importante y relevante investigar el problema en cuestión y cuál es la contribución o aporte que se espera hacer al campo con la tesis.
Marco teórico	Son los *hombros de gigantes* sobre los cuales se apoya la nueva investigación, y dan cuenta de los fundamentos teóricos que la sostienen, situando el nuevo estudio dentro del conocimiento existente en el campo.
Estado del arte	Es el resultado de la revisión rigurosa de literatura y da cuenta de la lectura realizada al mencionar todas las demás investigaciones identificadas dentro de cruces disciplinares similares o en problemas paralelos al que se va a abordar.
Metodología	Es la descripción detallada de las estrategias, métodos y técnicas científicas que utilizarás para llevar a cabo la investigación.
Cronograma	Es la hoja de ruta, calendarizada, que incluye las actividades que serán realizadas para el logro de cada objetivo particular, especificando etapas y plazos de cumplimiento hasta la entrega de la tesis finalizada.
Limitaciones y delimitaciones	Es la consignación de las restricciones del estudio y la definición de los límites y alcances de la investigación; podría no preverse en este primer borrador, sino surgir como consecuencia de la investigación desarrollada.
Bibliografía	Es el detalle de todas las fuentes y referencias relevadas durante la revisión rigurosa, y debe redactarse siguiendo estrictamente el protocolo de las normas de citación elegido (APA, Harvard, Chicago, etc.).

Reitero, estos elementos son en general los que se solicita incluir en un proyecto de tesis, pero no es taxativo. Por otra parte, si bien no hay criterios unívocos respecto de la extensión que debe tener un proyecto de tesis, en mi opinión un desarrollo de entre 3000 y 5000 palabras sería adecuado. Para cerrar esta respuesta, estas preguntas son las que también, generalmente, se hará un evaluador en el momento de aprobar o no un proyecto de tesis doctoral:

1. *Pertinencia*: ¿Se trata de una tesis de doctorado? ¿Es una tesis que corresponde con el programa o las líneas de investigación de la institución? ¿Contribuye al diálogo académico y al avance de la disciplina?
2. *Tema*: ¿Se refiere a una temática específica del campo o a un autor conocido, pero considerados desde una perspectiva original?
3. *Título*: ¿Permite una clara identificación del objeto de estudio de la tesis?
4. *Planteamiento del problema*: ¿Se observa claramente que se investigará? ¿Es factible, viable, realizable?
5. *Hipótesis*: ¿Está expresada como respuesta conjetural al problema planteado?
6. *Fundamentación*: ¿Explicita el aporte al conocimiento y/o a la práctica que pretende realizar?
7. *Objetivos*: ¿Están formulados de modo que expresen claramente lo que se espera alcanzar?
8. *Estado del arte y marco teórico*: ¿Se mencionan antecedentes de investigación en la temática a desarrollar con la tesis? ¿Se evidencia cuáles serán los fundamentos teóricos para el desarrollo de la tesis?
9. *Metodología*: ¿Explicita el enfoque y la metodología que utilizará para el desarrollo de la investigación?
10. *Índice*: ¿Detalla de posibles partes o capítulos para la tesis? ¿Muestra una estructura lógica y coherente?
11. *Bibliografía*: ¿Es específica, pertinente y actualizada? ¿Incluye referencias a bases de datos y revistas científicas de la disciplina a investigar?
12. *Cronograma*: ¿Denota planificación frente al tiempo disponible para la realización del trabajo de tesis?

SUGERENCIA #3
Busca autopistas y no caminos sinuosos

En este momento en que estás finalizando el trazado del mapa y la ruta, te sugiero que vuelvas a observar con especial atención las decisiones que estás tomando y consideres otros detalles importantes.

Existen, por lo menos, tres situaciones que frecuentemente generan inconvenientes porque tienden a complejizar el camino de los tesistas:

- Tesis que abordan el estudio de conceptos teóricos de *autores vivos*: los autores contemporáneos que aún están en la plenitud de su actividad científica o intelectual pueden cambiar su línea de pensamiento o revisar sus ideas, lo que podría llevar a que tu tesis quede desactualizada o en desacuerdo con sus perspectivas más recientes. Esta situación podría obligarte a realizar ajustes significativos en tu investigación, incluso en etapas avanzadas.

- Tesis que omiten considerar la *ventana de validez de la información*: es importante que, al planificar tu tesis, consideres la relevancia y actualidad de la información que piensas utilizar como fuentes primarias o secundarias. Una tesis histórica que utilice fuentes primarias de información de más de doscientos años es muy diferente a una tesis sobre problemáticas actuales que utilice fuentes de información secundarias de hace quince o veinte años. Nada es taxativo, pero es un concepto más a considerar.

- Tesis que estudian temas que requieren el dominio de un *idioma específico*: si tu tema de investigación requiere la capacidad de leer documentos en un determinado idioma, diferente a tu lengua materna, para acceder a fuentes primarias, literatura relevante o para comunicarte con expertos, sería esperable que tengas dominio de esa lengua.

Párrafo aparte para la cuestión lingüística en el segundo cuarto del siglo XXI. La falta de habilidades lingüísticas adecuadas puede limitar enormemente tu capacidad para llevar a cabo una investigación exhaustiva y precisa en casi cualquier tema. Si no dominas, al menos, un segundo idioma, podrías ignorar o desaprovechar muchos avances respecto de tu tema de investigación. Sin embargo, hay muchas herramientas de IA que te pueden ayudar a traducir textos completos con una calidad más que aceptable en cualquier idioma.

SUGERENCIA #4
Redacta el título de la tesis y su posible índice

Te propongo realizar dos ejercicios poco ortodoxos, que en mis años de experiencia en talleres de tesis me han demostrado ser altamente beneficiosos y efectivos.

Estos ejercicios, antes o en paralelo al armado del primer borrador del proyecto de tesis, son pasos previos que te preparan para presentar tus ideas de manera clara y estructurada en tus diálogos con posibles directores de tesis. No solo te van a ayudar a comprender y enfocar el problema de investigación, sino que también te facilitarán el proceso de visualizar la tesis, permitiéndote conceptualizarla en su totalidad, como si pudieras (como hemos dicho) abrazarla con tu mente.

Ejercicio #1: Redactar el título para la tesis con no más de 20-30 palabras y realizar el análisis sintáctico.

Este ejercicio te debería ayudar a:

- Identificar la pertinencia: el «sujeto» de la oración debería corresponderse claramente con el área disciplinar a la que refiere el programa en el que estás inscripto, ya que muchos programas de doctorado son requirentes en este aspecto.

- Desarrollar claridad y precisión: al analizar cada palabra del título, te aseguras de que cada término contribuya de manera efectiva a transmitir el objetivo general de tu tesis. No debería incluir conceptos que luego no vayan a ser abordados en la investigación.

- Evaluar el alcance y enfoque: descomponer el título en sujeto, predicado, objeto directo e indirecto, etc., te permite observar si el tema es demasiado amplio o limitado, guiándote hacia un ajuste más preciso y refinado del enfoque de tu investigación. Incluso, aunque no siempre es explícito, un título bien formulado puede indicar cuáles son las variables dependientes e independientes mediante el uso de ciertas claves lingüísticas y estructurales.

- Establecer la conexión con la hipótesis o pregunta de investigación: te permite confirmar si está alineado con la pregunta de investigación o hipótesis central, asegurando la coherencia y cohesión en tu trabajo.

- Definir las palabras clave: te permite identificar puntos de especial interés.

- Favorecer la creatividad y originalidad, porque este proceso de redacción y análisis puede inspirarte a ensayar variaciones y abordar tu tema desde perspectivas innovadoras.

- Reflexionar sobre tu nivel de interés y compromiso con el tema elegido, asegurando que estás plenamente involucrado con cada aspecto de tu tesis.

- Promover la comunicación efectiva, ya que un título bien pensado y analizado constituye el primer paso hacia una comunicación efectiva y atractiva de tu investigación.

Ejercicio #2: Bosqueja a mano alzada con lápiz, goma de borrar y sobre hoja en blanco (¡sin renglones!) un potencial índice de la tesis terminada.

Este ejercicio es útil para:

- Visualizar cómo se conectarán las diferentes secciones y capítulos, lo que es esencial para comprender la estructura global de tu tesis.

- Organizar tus pensamientos y asegurar que tu investigación fluya de manera lógica y coherente.

- Estimular la creatividad y generar ideas o conexiones nuevas e inesperadas.

- Considerar cuidadosamente qué temas y subtemas son fundamentales para tu estudio y cómo deben ser presentados, y asegurando que no omitas secciones importantes.

- Disminuir tu ansiedad y ofrecerte una sensación de control y dirección en tu investigación al poder visualizar la estructura completa de tu proyecto.

- Ser flexible y adaptable, reconociendo que el índice es un borrador inicial que puede evolucionar con el desarrollo de tu investigación.

DURANTE EL VIAJE

18.
¿Debo tener consideraciones éticas?

Sí, sin excepciones.

…

En el proceso de investigación doctoral, reflexionar sobre las consideraciones éticas ha sido desde siempre un aspecto fundamental que no se debe pasar por alto, pero muy especialmente en la era actual de digitalización de la información y los avances en el uso de herramientas de inteligencia artificial (en adelante IA).

Debes hacer algunas consideraciones básicas en relación con la integridad y la autenticidad en la recolección y presentación de los datos, así como también con relación al respeto y la protección de la identidad de los participantes que involucres en tu investigación.

La ética no es una serie de reglas a seguir, sino una reflexión continua sobre las implicaciones y el impacto que puede tener la investigación que llevas adelante, por lo que actuar de manera ética implica una actitud de responsabilidad constante de tu parte en todas las etapas del proceso de investigación, desde la formulación del proyecto, la metodología y la elección de estrategias a utilizar hasta la publicación de los resultados.

Las universidades, cada vez con mayor frecuencia, van organizado sus propios Comités de Bioética, con el fin de evaluar los proyectos de investigación en general y de tesis en particular, para asegurar que se adhieran a principios éticos fundamentales.

Por esto, como tesista deberías tener en cuenta, al menos, las siguientes consideraciones:

• Solicitar el consentimiento informado, que consiste en informar a los participantes sobre la naturaleza, el propósito y el uso previsto de las narrativas o experiencias personales de los participantes en la investigación; y obtener de ellos una autorización formal para trabajar y publicar sus dichos o datos.

- Resguardar la confidencialidad y anonimato, que significa la garantía efectiva de protección de la identidad de los participantes (sus datos sensibles y/o personales) y el aseguramiento de que la información personal, directa o asociativa, no será divulgada.
- Ponderar la sensibilidad cultural y contextual, esto es, ser respetuoso con las normas culturales y sociales y entender el contexto en el que se recopilan los datos para evitar malentendidos o sesgos en la interacción con los participantes.
- Garantizar la ética en las publicaciones, presentando los datos y conclusiones de manera que reflejen fielmente las perspectivas y experiencias de los participantes, sin distorsión o tergiversación preservando su integridad y la autenticidad de sus voces.

19.
¿Cómo llevo adelante la investigación?

De la mano de tu director y siguiendo el mapa trazado.

…

Al llegar a esta nueva etapa del camino, el proyecto o plan de tesis debería estar aprobado y el director no solo ha aceptado acompañarte, sino que ya lo está haciendo. De ahora en más, el viaje va a requerir menos pensamiento de diseño y más acciones de ejecución. Es decir, las decisiones anteriores estuvieron marcadas por un gran esfuerzo de pensamiento creativo y analítico; a partir de ahora, se trata de la concreción de todo aquello que fue pensado.

Se inicia una etapa intensa y decisiva, caracterizada por un compromiso total con la investigación. Esta fase es de inmersión profunda, momento de encarar los desafíos de frente y avanzar con determinación.

La recomendación más fuerte es mantener una comunicación regular y efectiva con tu director. Y que estés preparado y flexible para aceptar las observaciones, los pedidos de corrección o ajustes que te haga, y también para superar los obstáculos comunes que se presentan en todo proceso de investigación.

De igual modo, te sugiero mantener contacto regular con los pares. Durante este viaje, las y los compañeras de doctorado que transitan caminos similares pueden ser una fuente de apoyo tan valiosa como han sido los profesores en la etapa formativa del proceso. El intercambio de experiencias, desafíos y soluciones con tus colegas te puede ofrecer una perspectiva única y suele ser un recurso inestimable para la interpretación de tus propios pensamientos.

Recordando que eres quien lleva adelante la investigación, en esta etapa debe aflorar tu proactividad. Esto implica no solo seguir las indicaciones del director, sino también tomar la iniciativa en la búsqueda de soluciones, explorar nuevas direcciones y aplicar métodos y estrategias de forma creativa y eficaz. La gestión del tiempo y la organización son habilidades clave que tienes que desarrollar y profundizar para manejar eficientemente las diversas demandas de la tesis doctoral.

20.
¿Tengo que hacer un cronograma?

¡Sí!

…

Más allá de haberlo incluido en la presentación formal del proyecto de tesis, en este momento del viaje ya no se trata de una mera formalidad. Ahora el cronograma se convierte en una herramienta esencial en tu arsenal de recursos como tesista. La elaboración de este cronograma merece dedicación y atención completa. Tenerlo te permite administrar el recurso que te será más escaso, el tiempo. Asimismo, te posibilita establecer prioridades, identificar acciones interdependientes y secuenciales, y te facilita el seguimiento del avance en los procesos.

Una idea que podría ser útil es la de crear un cronograma físico a gran escala, un *collage* de hojas A4 que se unen para formar un cronograma de gran tamaño ubicado en un lugar visible del espacio de investigación (¡o un papel afiche de los que usabas en la escuela primaria!). Una vez más, merece la pena usar lápiz y tener siempre a mano una goma de borrar (¡o birome de tinta borrable!). Esta es una táctica inteligente, ya que te permite revisar, ajustar y documentar cambios con facilidad sin que estos ensucien tus escritos con tachones. Escribir, borrar, reescribir, repetir. Esta cadena de acciones será, por norma, demasiado frecuente.

Te recomiendo que, en el cronograma, aparte de visualizar tus objetivos específicos y temporalizar el desarrollo de tus actividades, marques otras fechas clave, eventos relevantes, congresos y jornadas vinculados (y en los que deberías participar para someter tus ideas a debate), plazos de entrega, fechas límite, reuniones con tu director o directora de tesis, sin dejar de lado compromisos personales y períodos de descanso o vacaciones.

Si el papel no es lo tuyo y te inclinas por lo digital, considera crear un calendario dedicado exclusivamente a tu tesis o elige aplicaciones de gestión de proyectos dentro de la gran variedad de herramientas disponibles, muchas de ellas gratuitas y altamente eficaces para estos fines.

Dado lo que he señalado, en la planificación efectiva un cronograma es tan fundamental como la elección de la metodología. No solo te permite mantener el rumbo y el cumplimiento de los objetivos en los plazos establecidos, sino que también te ayuda a simplificar la gestión de la investigación, porque acá el terreno se vuelve pedregoso y es fácil perderse. Los pasos posteriores, como la recolección y análisis de datos (si procede), requerirán una atención meticulosa, por la practicidad y eficiencia en el uso y manejo de los datos recopilados, además de las implicaciones éticas que veremos más adelante.

21.
¿Qué metodología debería elegir?

La que mejor se adapte a tu investigación.

…

Cada disciplina tiene sus preferencias y normas en cuanto a metodologías, y la opinión del director de tesis puede ser valiosa en este proceso.

No obstante, la elección de la metodología debería estar basada en la naturaleza misma de la pregunta o problema de investigación. Si tu pregunta pretende indagar en los misterios del *cómo* o el *porqué* de un determinado fenómeno, ahondando en significados, experiencias o perspectivas, entonces los métodos cualitativos son los aliados ideales. Por otro lado, si lo que buscas es conocer *cuánto* o *con qué frecuencia*, así como cuantificar fenómenos, medir relaciones entre variables o explorar patrones estadísticos, los métodos cuantitativos serán la mejor opción.

Es muy probable que tu investigación pretenda abordar un fenómeno de manera integral, en cuyo caso será necesario combinar las metodologías cuantitativas y cualitativas. Esta combinación metodológica te permitirá dar a la tesis la fortaleza del análisis cuantitativo, que facilitará la generalización de los resultados a través de la recolección y análisis de datos, y, a la vez, la comprensión de las percepciones, experiencias y contextos de los sujetos involucrados, a través del análisis cualitativo.

Las metodologías cualitativas requieren gran inversión de tiempo y dedicación, y pueden incluir la recolección de narrativas detalladas, observaciones profundas o un análisis exhaustivo de contenidos obtenidos de primera mano. Y las metodologías cuantitativas requieren un riguroso diseño experimental y un análisis estadístico meticuloso, y pueden incluir el uso de encuestas con preguntas cerradas, experimentos controlados, análisis de datos secundarios y técnicas estadísticas para probar hipótesis y establecer si existen relaciones entre variables y de qué tipo son esas relaciones. La combinación de ambas, entonces, demandará más tiempo aún.

Luego, dentro de cada metodología existe un abanico de técnicas; no es necesario dominarlas todas, pero sí es esencial que aquella que elijas sea dominada a fondo. Hay miles de obras de muy buena calidad sobre metodología de la investigación, si tuviera que recomendar un autor en este sentido, me gusta el estilo pedagógico didáctico de Roberto Hernández Sampieri.[8] La forma clara de explicar de manera sencilla y con buenos ejemplos los métodos y las técnicas disponibles.

Esta parte del camino que tiene que ver con el desarrollo de la investigación no deberías verla como una carrera de velocidad, sino, más bien, como una maratón que requiere práctica, resistencia, paciencia y consistencia. El verdadero valor está en llegar, no en llegar primero.

Encontrar lo que mejor funciona para cada investigación y adaptar esas estrategias a las necesidades específicas de tu estilo personal de trabajo intelectual es la clave para una travesía exitosa en el terreno de la investigación doctoral.

---

8. Hernández Sampieri, R. y Mendoza Torres, C. P. (2023). *Metodología de la Investigación: Las rutas cuantitativa, Cualitativa y Mixta.* McGraw-Hill Interamericana Editores.

22.
¿Dónde obtengo datos
para mi tesis?

De fuentes primarias y secundarias.

…

En líneas generales, las fuentes primarias son las que obtenemos de primera mano, sin intermediarios. Y las fuentes de datos secundarias todos los documentos que revisan, analizan, interpretan y/o discuten la evidencia original de la información y que, habiendo sido recopilada y publicada originalmente por otros investigadores, se utilizan para construir nuevos argumentos, teorías o marcos conceptuales y a las que se accede generalmente a través de las bases de datos.

Sea cual sea la metodología elegida para llevar adelante la investigación, es recomendable incluir fuentes primarias de información. Esto quiere decir que has de obtener datos o evidencias que provengan de objetos o sujetos de estudio originales, sin haber sido modificados, interpretados o procesados por otros investigadores o autores. Estos datos, al no estar previamente procesados o interpretados, permiten realizar un análisis inédito, profundo y directo para la investigación.

Las fuentes primarias de información pueden provenir de:

* *Obras de autor*: en tesis que estudian el pensamiento de tal o cual persona, sus obras publicadas se constituyen en fuente primaria.
* *Documentos históricos*: como cartas, diarios, actas de reuniones, tratados, leyes, documentos gubernamentales, archivos de organizaciones, libros, entre otros.
* *Entrevistas*: conversaciones que puedes planificar tener con aquellos que pueden ser informantes clave para tu tema de investigación, pueden ser estructuradas o no y te permiten recoger testimonios, experiencias, opiniones o conocimientos sobre el problema que se investiga.

- *Encuestas y cuestionarios*: a través de instrumentos diseñados específicamente para recoger datos cuantitativos y/o cualitativos de los sujetos vinculados al tema de estudio.
- *Observaciones directas*: procesos de inmersión en el campo (pueden ser participativas en las que el tesista interviene como uno más) para tomar notas y registros sistemáticos de comportamientos, eventos, obras artísticas o literarias, procesos o prácticas en su contexto natural (bajo la forma de texto, imágenes, audios o vídeos).
- *Grupos focales*: discusiones dirigidas y estructuradas con un pequeño grupo de personas para explorar sus percepciones, opiniones, creencias y actitudes respecto a un tema específico de interés para la investigación, que podrías diseñar para explorar la complejidad de las percepciones y las interacciones humanas de un modo que ni las entrevistas individuales ni la observación pasiva pueden darte por sí solas.
- *Datos digitales*: contenidos generados en plataformas digitales y redes sociales, como publicaciones en blogs, *tweets*, comentarios en foros, entre otros, que pueden utilizarse como perspectivas sobre pensamientos, percepciones, comportamientos y tendencias individuales y grupales contemporáneas.

23.
¿Puedo hacer un «trabajo de campo» sin salir al «campo»?

Sí. Utilizando *datasets*.

…

Un *dataset* es, en esencia, una colección organizada de datos, generalmente estructurada en forma tabular. En esta estructura, cada columna representa una variable específica, mientras que cada fila corresponde a un registro único. Estos *datasets* pueden abarcar una amplia gama de datos, desde datos numéricos y textuales hasta fechas y coordenadas geográficas. Por esto, se pueden utilizar de manera efectiva para complementar o, en ciertas circunstancias, incluso reemplazar la necesidad de recopilación de datos primarios, en el proceso de la investigación doctoral y, aunque estos no se enmarcan tradicionalmente como fuentes primarias en la literatura existente sobre investigación, te sugiero su uso en este sentido.

Existen muchos *datasets* abiertos, que pueden ser utilizados de forma irrestricta. Por ejemplo, existen conjuntos de datos recogidos a través de instrumentos científicos o tecnológicos por organizaciones gubernamentales o no gubernamentales y puestos a disposición de la comunidad científica tal como fueron recogidos, sin intervención alguna, accesibles en forma abierta y en línea.

El uso de *datasets* tiene numerosas ventajas para tu investigación: la primera y fundamental es el ahorro de tiempo en la recolección de los datos; luego la posibilidad de acceder a datos de alta calidad y fiabilidad y, finalmente, porque te permiten trabajar con grandes volúmenes de datos diversos que invitan a explorar múltiples campos y temas, y entonces abren la puerta a análisis comparativos y enfoques multidisciplinares que pueden complementar o ampliar partes de tu tesis.

Dicho lo anterior, también es esencial comprender la naturaleza y las limitaciones de los *datasets* como fuentes de información primaria, ya que, si bien pueden ser una herramienta poderosa y eficiente, debes tomar precauciones y recaudos sobre la pureza en el origen y calidad en la gestión y creación del conjunto datos que vas a incluir en tu tesis. Por ello, al momento de decidir el uso de *datasets* en una investigación de tesis doctoral es recomendable que:

- Evalúes su pertinencia, es decir, te asegures de que los datos a incorporar aportarán valor al objeto de estudio, y se alinean con los objetivos y el alcance de la investigación en marcha.
- Identifiques la metodología utilizada para la recopilación de los datos y el contexto de recolección, para evaluar tanto su exactitud, calidad y confiabilidad como las limitaciones de los datos.
- Ponderes la disponibilidad y el acceso, en orden a restricciones de uso, derechos de autor o requisitos de licencia.
- Respetes las normas éticas y legales que les aplican, especialmente si contienen información personal o sensible, citando adecuadamente su utilización.

Dentro de la infinita cantidad de sitios web que ofrecen *datasets* en forma abierta y para uso libre, te dejo algunos ejemplos para considerar:

Organizaciones no gubernamentales	
Banco Interamericano de Desarrollo (BID)	https://mydata.iadb.org
Banco Mundial	https://datos.bancomundial.org
Colombia	https://datos.gov.co
Ecuador	https://www.datosabiertos.gob.ec
España	https://datos.gob.es/es
Estados Unidos	https://data.gov
Francia	https://www.data.gouv.fr/fr

Organizaciones no gubernamentales	
Italia	https://dati.gov.it
México	https://datos.gob.mx
Panamá	https://www.datosabiertos.gob.pa
Perú	https://www.datosabiertos.gob.pe
Reino Unido	https://ukdataservice.ac.uk/find-data/browse
República Dominicana	https://datos.gob.do
Unión Europea (Eurostat)	https://ec.europa.eu/eurostat/data/database
Uruguay	https://catalogodatos.gub.uy
Especializadas	
Sobre condiciones de salud y factores de riesgo	https://ghdx.healthdata.org
Sobre crisis humanitarias y ayuda al desarrollo	https://data.humdata.org
Sobre decisiones y sentencias la Corte Europea de Derechos Humanos	https://hudoc.echr.coe.int
Sobre inteligencia artificial y aprendizaje profundo	https://data.world/datasets/openai
Sobre los tratados internacionales de las Naciones Unidas	https://www.un-ilibrary.org
Sobre machine learning y análisis de datos	https://archive.ics.uci.edu
Sobre opinión pública de América Latina, en temas sociales y políticos	https://www.latinobarometro.org
Sobre temas legales de todo el mundo, incluyendo legislación, jurisprudencia y tratados	http://www.worldlii.org/databases.html
Genéricas	
Google Dataset Search	https://datasetsearch.research.google.com
Kaggle	https://www.kaggle.com/datasets

24.
¿Qué bases de datos utilizo?

Todas las que puedas.

…

En relación con las bases de datos, hay un detalle inicial fundamental que divide aguas. Existen bases de datos de acceso libre y otras de acceso restringido (generalmente requieren pago o acceso a través de instituciones). Entonces, como punto de partida es necesario consultar en la universidad donde estás haciendo tu formación doctoral, cuáles son las bases de datos y librerías digitales que te ofrece por ser estudiante de la institución.

Luego, un segundo aspecto importante por considerar es la cobertura temática, la calidad de los recursos disponibles dentro de cada base de datos y la facilidad de acceso a los textos completos. Hay bases de datos genéricas, en las que es posible encontrar información de calidad sobre diversidad de disciplinas que a veces permite identificar hallazgos muy valiosos; y otras que fueron organizadas por disciplina y que, por consiguiente, pueden ser más específicas y devolverte más y mejores resultados conforme tu tema de tesis. Sin duda, la combinación de bases de datos de amplio alcance, con aquellas más especializadas en el campo de estudio específico, te proporcionarán los datos más sólidos para la investigación doctoral.

Contar con Web of Science (www.webofscience.com), Scopus (www.scopus.com), EBSCO (www.ebsco.com), ProQuest (www.proquest.com), JSTOR (www.jstor.org), entre otras bases de datos genéricas pero de acceso restringido, es lo ideal y sería de gran ayuda. Pero, si a través de tu universidad no existe acceso disponible, existen otras opciones de muy buena calidad y que no exigen ningún requisito. Son las que año a año, y gracias al movimiento de ciencia abierta, van aportando muy buenos recursos de texto completo y libre acceso.

Para un primer contacto con bases de datos, y dentro de las opciones de libre acceso mi recomendación, está el uso de Google Scholar (scholar.google.com). Su interfaz es intuitiva y fácil de usar, aún en las búsquedas avanzadas y utilizando palabras clave, operadores booleanos,[9] filtros de autores y fechas. Permite una exploración detallada y focalizada de la literatura con una curva de aprendizaje mínima, lo que te prepara para trabajar luego con bases de datos académicas más complejas. Reitero, es el paso uno. Como para ir entrando en tema. Podría mencionar tres características esenciales que justifican su uso.

Google Scholar tiene una amplia cobertura de temas que garantiza que podrías encontrar literatura vinculada al objeto central de tesis y cosechar una amplia variedad de recursos que incluyen no solo artículos científicos, sino también registros documentos de diversa índole. En esta diversidad de documentos, la ventaja que ofrece respecto a las bases de datos tradicionales es el acceso a lo que se denomina la *literatura gris*, materiales como informes técnicos, documentos de trabajo y *preprints*, que a menudo son difíciles de encontrar a través de otras bases de datos más académicas o tradicionales. En segundo lugar, te ofrece la posibilidad de identificar el impacto de tal o cual documento a través del conteo de veces en que fue citado anteriormente por otros. Este dato es muy útil a la hora de considerar los documentos que sí o sí deben ser parte de la fundamentación de la tesis, porque permite comprender el impacto de una investigación y seguir su evolución a través del tiempo. Por ejemplo, si, al realizar una búsqueda, aparece el documento «X» con un cuantioso recuento de citaciones, significa que cada una de esas citas son investigaciones previas que lo han tenido en cuenta. Y, a pesar de que se puede omitir como cita en tu tesis, no se puede dejar de leer. Y, en tercer lugar, porque permite configurar alertas de correo electrónico para recibir notificaciones sobre nuevos documentos que coincidan con criterios de búsqueda

---

9. Cabe aquí una sintética definición aclaratoria sobre los *operadores booleanos*, porque, si bien son de uso frecuente, no siempre se aprovechan todas sus opciones. Estos fueron nombrados así por George Boole un matemático del siglo XIX, y hoy por hoy son herramientas esenciales en las búsquedas digitales que ayudan a refinar y especificar los resultados obtenidos en bases de datos y motores de búsqueda. Los tres más importantes son: AND, OR y NOT. Aunque son muy intuitivos, podemos recordar que utilizamos el primero para buscar los conceptos X e Y conjugados en un mismo resultado; el segundo para buscar resultados que incluyan X o Y indistintamente; y, el tercero, para buscar resultados que incluyan X pero no Y, recortando de este modo el alcance de X.

específicos, y de este modo mantenerse al día con los desarrollos más recientes del aspecto que se está investigando.

Otros recursos recomendables de libre acceso son el Directory of Open Access Journals (www.doaj.org) y Directory of Open Access Books (www.doabooks.org), ambos directorios de recursos científicos de acceso abierto. El primero es de revistas y el segundo, de libros. A las características positivas ya descritas sobre Google Scholar, estos agregan la ventaja de permitir el acceso a literatura revisada por pares y el fomento de la cultura de la ciencia abierta con normas éticas de respaldo.

Asimismo, te recomiendo el uso del Education Resources Information Center, comúnmente conocido como ERIC (eric.ed.gov). ERIC es una base de datos bibliográfica y acceso abierto (en su mayoría de texto completo) ofrecida por el Instituto de Ciencias de la Educación del Departamento de Educación de los Estados Unidos, pero que no circunscribe su contenido a la educación, sino que está especialmente orientado a las investigaciones en ciencias sociales.

Más allá de las bases de datos, existen otras fuentes de información que se pueden utilizar como herramienta de investigación como pueden ser las redes sociales. Cabe destacar que las redes deben ser utilizadas con suma cautela en estos tipos de investigación, y aquí entran en juego las capacidades de quien investiga para discernir sobre la calidad y la fiabilidad de la información, porque vivimos en contextos de sobreabundancia de información (¡incluso hay exceso de información de muy buena calidad, relevante y significativa!).

En la red social, originalmente conocida como Twitter (ahora X) te recomiendo comenzar a seguir las cuentas de expertos, académicos, autores e investigadores que consideres relevantes o sean referentes de aquellos temas que se corresponden con la investigación que estás llevando adelante. Si estas personas lo permiten, podrías establecer un contacto directo, enviarles mensajes privados y seguir sus aportes de último momento. Poder leer a los informantes clave, en tiempo real y en forma directa, no solo da acceso a la información más actual, sino que también permite ver y participar de su interacción con la comunidad. Leer los debates que se van generando en los hilos de las conversaciones constituyen una valiosa herramienta de investigación que hoy no debería desestimarse. Para escapar de la multitud de algoritmos de X, muchos académicos alrededor del mundo están migrando sus cuentas profesionales a Mastodon (joinmastodon.org/es) y BlueSky (bsky.app) y también allí los puedes encontrar.

Existen otras redes sociales para visitar o interactuar. Research Gate (www.researchgate.net) y Academia.edu (www.academia.edu) son dos comunidades muy interesantes. Si bien su objetivo principal es ofrecerse al mundo como plataformas para que cada investigador registrado (sin cargos) pueda compartir sus publicaciones y los resultados de sus investigaciones, la misma interfaz facilita la conexión entre investigadores con intereses similares y, de este modo, se puede seguir el trabajo de otros académicos, participar en foros de discusión y enviar mensajes directos a pares con los que podría ser factible algún modo de colaboración.

Las fuentes de información que utilices para la tesis pueden incluir el formato vídeo. Por tanto, es posible considerar la red social YouTube como una forma particular de base de datos. Cada día que pasa miles de universidades, organizaciones, editoriales e instituciones de investigación del mundo se suman a YouTube para crear sus propios canales de divulgación científica. En esos canales suele haber registro de conferencias, webinarios, congresos, entrevistas, *podcasts* y otros recursos de audio y vídeo que sucedieron tiempo atrás o que se transmiten en vivo; y a través de ellos pueden aparecer importantes hallazgos que pueden aportar mucha y muy buena información y sin otro costo que la mera conexión a internet.

A continuación, te dejo una tabla con enlaces a canales de Universidades en YouTube. No es una lista exhaustiva ni organizada formalmente, aunque intenté que haya representatividad de todos los continentes, además, si buscas podrás encontrar otros canales de las mismas universidades pero más específicos de una facultad o grupo de investigación, por ejemplo. Para acceder debes ingresar a www.youtube.com, y en el buscador colocar el nombre que figura en la columna «Canal de difusión» de la tabla que sigue. Verás que siempre comienza con arroba y debes incluirla para acceder directamente.

Nota: La cantidad de suscriptores y vídeos disponibles en cada canal fueron consultados en enero de 2025, por lo que al momento de tu consulta ese dato puede haberse modificado. A su vez, los valores están expresados en el formato que utiliza la red. En YouTube, el término 1 K es una abreviatura que significa 1000 (mil). Así, por ejemplo, donde dice 6,6 K quiere decir que hay 6600 (seis mil seiscientos).

Continente	Institución	Canal de difusión	Suscriptos	Vídeos
Latinoamérica	Universidade Sao Paulo	@CanalUSP	436 K	6,6 K
Latinoamérica	Universidad de Antioquia	@UdeA	61,7 K	6,1 K
Latinoamérica	El Colegio de México, A.C.	@VideosColmex	87,4 K	4,1 K
Europa	LSE	@theLondonSchoolofEconomics	257 K	4,1 K
Norteamérica	Universidad de Stanford	@stanford	2 M	4,1 K
Latinoamérica	Universidad del Rosario	@UniversidaddelRosarionews	19,5 K	3,9 K
Norteamérica	Yale University	@yale	391 K	3,8 K
Norteamérica	University of California, Los Angeles	@UCLA	101 K	3,7 K
Norteamérica	Universidad de Harvard	@harvard	2,6 M	3,6 K
Latinoamérica	Universidad Nacional de Colombia	@TelevisiónUNAL	92,9 K	3,6 K
Norteamérica	University of Chicago	@UChicago	250 K	3,4 K
Europa	Imperial College of London	@imperialcollegevideo	232 K	3,1 K
Latinoamérica	Pontificia Universidad Católica del Perú	@pucp	318 K	3 K
Latinoamérica	Universidad de los Andes	@uniandes	63,2 K	3 K
Norteamérica	Johns Hopkins University	@JohnsHopkins	61,7 K	2,6 K
Norteamérica	University of Michigan-Ann Arbor	@universityofmichigan8202	58,8 K	2,4 K
Oceanía	The University of Melbourne	@UniversityofMelbourne	122 K	2,3 K
Oceanía	Australian National University	@ANUchannel	84,5 K	2,2 K
Norteamérica	McGill University	@mcgillu	38,4 K	2,2 K
África	University of Johannesburg	@ujyoutube	25,5 K	2,2 K
Oceanía	University of New South Wales	@UNSW	86,2 K	2 K
Latinoamérica	Universidad de Chile	@uchile	36,8 K	2 K
Latinoamérica	Universidade de Brasília	@UnBTV	79,5 K	11 K
Norteamérica	Columbia University	@columbia	110 K	1,9 K

Continente	Institución	Canal de difusión	Suscriptos	Vídeos
Latinoamérica	Pontificia Universidad Javeriana	@UniJaveriana	21,3 K	1,7 K
Latinoamérica	Pontificia Universidad Javeriana	@UniJaveriana	21,3 K	1,7 K
Norteamérica	California Institute of Technology	@caltech	200 K	1,7 K
Europa	Universidad de Cambridge	@cambridgeuniversity	491 K	1,6 K
Norteamérica	Northwestern University	@NorthwesternU	26,6 K	1,6 K
Europa	University of Amsterdam	@uvaamsterdam	23,2 K	1,6 K
Norteamérica	New York University	@newyorkuniversity	108 K	1,6 K
Latinoamérica	Pontificia Universidad Católica de Chile	@pucatolica	16,6 K	1,4 K
Norteamérica	The University of British Columbia	@UBC	41,5 K	1,4 K
Europa	University of British Columbia	@UBC	41,5 K	1,4 K
África	University of Pretoria	@UPvideolibrary	30,5 K	1,4 K
África	University of Cape Town	@UCTSouthAfrica	24,8 K	1,4 K
Norteamérica	University of Toronto	@uoft	71 K	1,2 K
Oceanía	University of Sydney	@sydney_uni	42,4 K	1,2 K
Asia	Tsinghua University	@TsinghuaUniversity_official	361 K	1,2 K
Latinoamérica	Universidad de Costa Rica	@UniversidadDeCR	13 K	1,2 K
Latinoamérica	Universidad Austral	@UniversidadAustral-YouTube	14,5 K	1,1 K
Norteamérica	Princeton University	@princeton	55,9 K	1,1 K
Europa	King's College London	@kingscollegelondon	50,1 K	1,1 K
África	University of Witwatersrand	@WitsWebmaster	39,4 K	1,1 K
Latinoamérica	Universidad Nacional Autónoma de México	@unam	50,7 K	1,1 K
Latinoamérica	Instituto Tecnológico Autónomo de México	@itam	9,72 K	1 K
Europa	ETH Zürich	@ethzurich	46,9 K	1 K

Continente	Institución	Canal de difusión	Suscriptos	Vídeos
Europa	Universidad de Oxford	@oxforduniversity	359 K	1 K
Norteamérica	Carnegie Mellon University	@cmu	158 K	1 K
Norteamérica	Cornell University	@Cornell	87 K	967
Europa	University of Bristol	@UniversityOfBristol	33,3 K	951
Asia	National University of Singapore	@NUScast	23,9 K	951
Europa	The University of Manchester	@universitymanchester	44,1 K	948
Latinoamérica	UNIBE	@unibeenlinea	8,65 K	931
Latinoamérica	Pontificia Universidad Católica Argentina	@UCAarg	8,24 K	929
Europa	The University of Edinburgh	@EdinburghUniversity	162 K	918
Europa	KU Leuven	@kuleuven	14,1 K	905
Norteamérica	Instituto Tecnológico de Massachusetts	@mit	899 K	859
Asia	University of Hong Kong	@abouthku	16,3 K	833
Asia	Peking University	@PekingUniversity1898	222 K	820
Latinoamérica	Universidad de Montevideo	@universidadmontevideo	2,48 K	806
Norteamérica	University of California, Berkeley	@BerkeleyNews	63,9 K	759
Asia	Zhejiang University	@ZhejiangUniversityChina	174 K	754
Oceanía	Monash University	@MonashUniversity	30 K	715
Europa	UCL	@UCLTV	39,8 K	693
Europa	École Polytechnique Fédérale de Lausanne	@epfl	39,2 K	677
Asia	The Chinese University of Hong Kong	@CUHKchannel	17,7 K	677
Norteamérica	University of Pennsylvania	@penn	41 K	651
Oceanía	The University of Queensland	@universityqueensland	26,5 K	640
Europa	Delft University of Technology	@tudelft	64,5 K	628
Latinoamérica	UNITEC Honduras	@Unitec.Honduras	6,05 K	606

Continente	Institución	Canal de difusión	Suscriptos	Vídeos
Asia	Kyoto University	@KyotoUniversityOfficial	12,9 K	589
Asia	Nanyang Technological University	@NTUsg	22,6 K	581
Asia	The Hong Kong University of Sci. and Tech.	@hkust	7,66 K	552
Latinoamérica	Universidad Católica de Santa Fe	@UCSFtv	1,48 K	549
Europa	Technical University of Munich	@TUMuenchen1	25,2 K	536
Europa	Sorbonne Université	@SorbonneUniversité	13 K	517
Asia	Shanghai Jiao Tong University	@ShanghaiJiaoTongUniversity	11,3 K	423
Latinoamérica	Pontificia Univ. Católica Madre y Maestra	@PucmmTV	11,9 K	385
Europa	Université PSL	@PSL-Universite	12 K	348
Asia	Seoul National University	@SeoulNationalUniversity	198 K	298
África	Stellenbosch University	@SU-Live-Events	5,67 K	289
Asia	The University of Tokyo	@UTokyoPR	29, 5 K	278
Latinoamérica	Universidade Federal de Santa Catarina	@UFSCoficial	14,6 K	239
Latinoamérica	Tecnológico de Monterrey	@TecdeMonterrey	40,9 K	214
Europa	Ludwig-Maximilians-Universität München	@LMU.Muenchen	12,1 K	188
Europa	Institut Polytechnique de Paris	@institutpolytechniquedeparis	1,64 K	162
Latinoamérica	Universidad de Buenos Aires	@ubaonline	10,6 K	146
Asia	Fudan University	@FudanUni	480	91
Latinoamérica	Universidad de Palermo	@universidaddepalermo	10 K	1,8 K
Latinoamérica	Universidad Nacional de La Plata	@UNLPTVOFICIAL	21,5 K	16 K
Latinoamérica	Universidad Católica Andrés Bello	@UCABve	7,15 K	1 K

SUGERENCIA #5
Deja de encontrar

Si hay una realidad que te va a acompañar como tesista, es la sobreabundancia de información, pero no de información «basura», como pudo haber sido en algún momento, sino de buena calidad. Hay sobreabundancia de información valiosa, y esto es un problema para quien está en el camino de la tesis.

Si has sido capaz de recortar un buen problema de investigación y has desarrollado muy bien tus habilidades en el uso de bases de datos, es muy probable que, lejos de encontrarte ante la dificultad de encontrar información, tu desafío sea «dejar de encontrar».

Antes de iniciar la búsqueda de información, es fundamental tener muy presente los objetivos específicos que te propusiste y las preguntas específicas que buscas responder. Esto actúa como un filtro que te guía en la búsqueda de información. Luego define límites para el relevamiento de documentos. Por ejemplo, establece categorías como un rango de fechas de publicación, la geolocalización o la especificidad temática. Esto te ayudará a evitar desviarte hacia temas tangenciales que, aunque interesantes, pueden no contribuir directamente a tus objetivos de investigación.

Hay un momento, muchas veces temprano en la investigación, en el cual es necesario establecer un corte, un límite en la búsqueda y recolección de información, para evitar el riesgo de *infoxicación* (neologismo acuñado por Alfons Cornella allá por 1996, ¡si supiera lo lejos que hemos llegado en este aspecto!).

Debes evitar por todos los medios una sobrecarga de datos que, en lugar de enriquecer, podría complicar y desviar el foco de tu investigación a causa de la incapacidad que tendrás para analizar eficientemente el volumen de la información contenida en los documentos recogidos.

Pese a que la exhaustividad en la investigación es importante, también lo es la capacidad que tengas para discernir cuándo has alcanzado un punto de saturación. Este es un indicador claro de que es momento de comenzar a enfocarte en el análisis de tus hallazgos, ya que el valor de tu tesis doctoral no reside solo en la información que logras recolectar, sino, en cómo analizas, interpretas y comunicas esos datos.

SUGERENCIA #6
Evita procrastinar, el momento es hoy

No sin un dejo de vergüenza, debo confesar que *procrastinar* es un verbo que aprendí siendo adulta y resultó ser un verbo muy afín a las actividades doctorales, ya que, como tesista, podrías caer fácilmente en la trampa de la procrastinación, a veces incluso antes de familiarizarte completamente con el término o con su significado.

La procrastinación es un fenómeno psicológico complejo que se manifiesta en la tendencia a retrasar, aplazar o posponer tareas, responsabilidades o acciones importantes, a pesar de ser consciente de que esta dilación puede acarrearme consecuencias negativas. Procrastinar es un autoboicot.

La procrastinación no solo es contraproducente para obtener el doctorado, sino que también es un síntoma que podría referir a otras características de la personalidad como el miedo al fracaso, el perfeccionismo o simplemente las dificultades en la gestión del tiempo y la autoorganización.

Para autoevaluar si estás procrastinando, analiza si estás realizando alguna de estas tres acciones:

- Haces una revisión constante de tareas no prioritarias de la investigación, como dedicar demasiado tiempo a organizar el espacio de trabajo, o haciendo tareas administrativas menores, en vez de dedicarte de lleno a la investigación propiamente dicha o a la escritura;

- Encuentras excusas diarias para comenzar o mantener el trabajo en tareas específicas de la investigación, sin poder mantener la atención o el enfoque, con sensación constante de estar trabado y con tendencia a posponer el inicio en forma continua;

- Sientes culpa cuando piensas en la tesis, el doctorado te genera estrés y ansiedad, y no puedes sobreponerte a esto, por lo cual te mantienes anclado en la queja.

Como te he dicho, procrastinar es una acción común en el mundo de las tesis doctorales y, para ayudarte a enfrentarte a ella, te dejo tres recomendaciones simples que pueden ayudarte a superarla:

1) Utiliza la técnica *Pomodoro*. Es un método de gestión del tiempo desarrollado por Francesco Cirillo (www.francescocirillo.com) a finales de la década de 1980, basada en la idea de que las pausas frecuentes pueden mejorar la agilidad mental y hacer que el trabajo sea más manejable. *Pomodoro* es *tomate* en italiano, nombre que se deriva del

temporizador de cocina con forma de tomate que Cirillo usó inicialmente para medir sus intervalos de trabajo. La estrategia sugiere dividir el trabajo en intervalos llamados *pomodori*, de 25 minutos cada uno. Durante ese tiempo deberías dedicarte por completo a una tarea específica, evitando todo contacto con factores distractores. Luego de cada *pomodori*, deberías tomar un breve descanso de no más de 5 minutos con el fin de desconectarte mentalmente de la tarea, facilitando la recuperación y preparándote para el siguiente intervalo de trabajo. Así hasta completar un ciclo de cuatro *pomodori*, cuando puedes tomar un descanso y recuperación más profunda de hasta 30 minutos. Podrías hacer dos o hasta tres ciclos al día y la técnica sugiere hacer al final de cada día una revisión del trabajo realizado para ajustar y planificar el siguiente día.

2) En la misma línea de la técnica anterior, divide la tesis en tareas pequeñas y manejables, como autoimponerte un tiempo de dedicación diario de cumplimiento efectivo, o la escritura de un «x» número de palabras diario, o leer y extraer ideas citables de «x» cantidad de artículos por día, etc. Esta estrategia te ayuda a reducir la sensación abrumadora de pensar en la tesis en su conjunto. A la vez, ir logrando concretar pequeñas metas diariamente te proporciona una sensación de gratificación y automotivación muy necesaria para el logro del objetivo doctoral.

3) En la medida de tus posibilidades, crea un ambiente de trabajo conductivo. Esto significa destinar un espacio de trabajo agradable, que quede configurado o *seteado* en forma permanente. La idea es que no necesites encontrar cada día un lugar para trabajar y que, además, debas buscar y traer/llevar tus materiales de trabajo, sino que puedas dejar acomodado tu espacio de trabajo de modo tal que con solo acercarte o sentarte allí, te pongas en clima de tesis. Idealmente, te propongo encontrar un espacio donde puedas dejar tus papeles y anotaciones a medio hacer y que, al volver mañana, estén exactamente en la misma posición, como si solo hubieras puesto una pausa.

Hay un viejo dicho latino que dice: *nulla diez sine línea*, que significa 'ningún día sin escribir una línea' (originalmente línea significaba 'trazo de pintura'). Una vez que se comienza a redactar la tesis, hay que escribir algo todos los días. O casi. Si no, se corre el riesgo de no retomarla. El objetivo final de este viaje es doctorarte y no debes perderlo de vista.

CUADERNO DE BITÁCORA DEL VIAJE

25.
¿Seré capaz de escribir 100.000 palabras?

Sí, pero…

…

Si encaras la escritura con la ilusión de que te vas a sentar a escribir y llegarás a destino de un único intento, estás equivocado. La escritura académica, aunque sigue reglas, requiere creatividad, y la creatividad depende de una serie de factores. Uno de estos factores es la inspiración, que aparece en el momento y lugar menos pensado y tiene tendencia a desaparecer precisamente cuando ponemos las manos sobre el teclado.

A veces las dificultades para enfrentarse a la escritura se profundizan: hay cientos de libros que explican el fenómeno, lo denominan *bloqueo*. Se trata de una anomalía en la cual un escritor experimenta una pérdida temporal de la capacidad para producir un nuevo trabajo. Te sientes incapaz de escribir, por más que tengas el deseo y la necesidad de hacerlo.

Las causas de estos bloqueos son diversas y pueden reflejar: *el estrés* ante la presión de cumplir con plazos institucionales; *la búsqueda de perfección* constante en la escritura desde el primer borrador generando ansiedad e inhibiendo la creatividad y la fluidez de escritura; *circunstancias personales* como desmotivación o agotamiento mental o hasta *miedo al fracaso*. Ante estos bloqueos, es preciso analizar si las causas mencionadas son autoimpuestas, propias e internas; o provienen de factores externos, como podría ser, por ejemplo, una relación particularmente compleja con tu director.

Desafortunadamente, este tipo de bloqueo es más común de lo deseable y superarlo puede requerir desde la aplicación de técnicas simples de manejo del estrés (como vimos con la procrastinación), considerar un cambio de director y en algunos casos, evaluar la ayuda de profesionales.

Mientras tanto, vayan estas recomendaciones prácticas para avanzar a paso firme con la tarea de escribir la tesis:

- Establece una rutina de escritura: la escritura regular y disciplinada es clave, establece un horario de escritura y adhiérete a él, es preferible que puedas organizar cuarenta minutos diarios a que dediques un día entero cada tanto.
- Escribe en bloques: la tesis no necesariamente debe escribirse en forma secuencial, a veces avanzar en una parte te genera motivación y entusiasmo que luego puedes trasladar a otras partes menos atractivas del texto.
- Revisa y relee tus escritos: muchas veces el pensamiento y la mano se desentienden y crees haber expresado claramente una idea, y en la revisión te das cuenta de que no fue así y debes editar y reescribir. (¡Varias veces!)
- Busca lectores críticos: pide ayuda a familiares, amigos o colegas, preferentemente a aquellos que, sin entender del tema específico de tu investigación, sean capaces de hacerte una retroalimentación acerca de lo que entendieron o no con la lectura; esto te ayudará a mejorar mucho la escritura y a mantener la orientación y sentido del texto.

26. ¿Cuántos archivos serán «mi tesis»?

Uno.

…

Esta una recomendación que he dado durante muchos años, y pese a que hoy puede parecer una obviedad, no está de más recordarla. El archivo de la tesis debe ser uno único, a riesgo de cometer tautología, considero necesario enfatizar la expresión: el archivo de la tesis debe ser un único archivo al que puedas acceder ubicuamente.

Con el proyecto de tesis aprobado y el borrador de índice hecho a mano (si aceptaste mi sugerencia #4), es el momento de iniciar el archivo único de la tesis. Llegó la hora de retomar aquel borrador de índice hecho a mano alzada, revisarlo, digitalizarlo y convertirlo en lo que de ahora en más (y por muchos meses) será «el» archivo de la tesis. Iniciar este documento sobre la base de algo ya redactado evita el pánico de la hoja en blanco. Ese texto, aunque acabe siendo totalmente diferente, nos da la contención y la seguridad necesarias para hacer frente al desafío de la escritura.

Utilizar un único archivo evita el riesgo de discrepancias o inconsistencias de versiones que se tendrían si se trabajara con archivos por capítulos y luego se los combinara. O si se fueran generando nuevos archivos con cada avance en el trabajo. Aparecerían, así, los famosos nombres de archivos (tan comunes entre los tesistas): «tesis1», «tesis_revisadadirector», «tesisfinal», «tesis_final_última», «tesis_final_última_noviembre», «tesis_final_finalisima», etc. Para que este archivo único sea posible es condición necesaria almacenarlo en línea.

El archivo debería estar en línea porque la inspiración llega en cualquier momento y lugar, y en ese momento y lugar tenemos que poder acceder al documento desde cualquier dispositivo, inclusive el teléfono móvil.

Puede guardarse en cualquier plataforma de almacenamiento en la nube como, por ejemplo, Google Drive, OneDrive, ICloud, Dropbox, etc. Esto asegura copias de seguridad automáticas y protección contra la pérdida de datos por fallas del dispositivo físico (*pendrive*, *notebook*, etc.). Y, fundamentalmente, permite acceder y trabajar en la tesis en forma ubicua, facilita colaborar y compartir el trabajo con tu director de tesis o con colegas para recibir comentarios o revisiones y ofrece la capacidad de ver y revertir a versiones anteriores del documento, algo muy útil para rastrear cambios o recuperar información.

Conforme se va avanzando en la escritura, el archivo puede volverse muy grande y pesado, especialmente si se incluyen imágenes de alta resolución o gráficos y, aunque esté en línea, podría producirse alguna dificultad o problema cuando se lo abre y edita. Por esto, siempre es prudente tener copias de seguridad adicionales en diferentes ubicaciones, también en la nube, *no para trabajar en ellas*, sino como resguardo en caso de emergencia ante alguna dificultad con el archivo único de trabajo.

Único y en línea para acceder, aunque solo sea para escribir una nota, una ocurrencia, un recordatorio o una idea suelta. Esto, aparentemente desconectado del resto, en algún momento del camino encontrará su lugar y sentido apropiado. Como dice el refrán, ¡nada se parece tanto a una casa en construcción como una casa en destrucción! Por esto no importa si se van sumando textos sueltos, repartidos en diferentes apartados. Todo tiene sentido. Y, tarde o temprano, llegará la revisión y edición.

En cuanto a la estructura, no existe un modelo o esquema único para la redacción de una tesis doctoral, incluso puede variar ligeramente en función del campo de estudio (ciencias sociales, humanas o exactas). En campos como matemáticas, física o química, se podría esperar un enfoque más fuerte en la metodología, los datos empíricos y el análisis técnico. En Ciencias Sociales y Humanidades posiblemente haya más énfasis en el marco teórico, el análisis crítico y la discusión. Algunas tesis pueden requerir secciones adicionales o una estructura ligeramente diferente para abordar mejor el tema específico de estudio y siempre es importante adherirse a las guías y normativas específicas proporcionadas por la institución en que se está estudiando. Dicho esto, una estructura típica del registro textual de una tesis completa, o sea, su cuaderno de bitácora, podría ser la siguiente:

- *Portada*: es la hoja inicial de la tesis que incluye el conjunto de datos específicos para su identificación como el título, el autor, el director, la universidad, la fecha, etc. (para la portada generalmente hay normativa institucional al respecto que deberías consultar y considerar).
- *Índice*: es la representación gráfica en forma de esquema, que a golpe de vista permite reconocer el todo de la investigación.
- *Resumen ejecutivo*: es la apretada síntesis del total de la investigación desde los objetivos hasta los resultados, da cuenta del modo de haber llegado de lo propuesto en la introducción a lo logrado en la conclusión, con el fin de interesar al lector y su extensión no debería superar una carilla (¡inspírate en la técnica del *elevator pitch*!).
- *Introducción*: es la presentación de la investigación realizada, donde se establece el contexto, la justificación, los objetivos y la estructura de la tesis.
- *Marco teórico*: es el conocimiento científico ya probado sobre el que se apoyó la tesis para para provocar el avance disciplinar.
- *Estado del arte*: es la demostración integral de las investigaciones existentes sobre el tema que se trató en la tesis.
- *Metodología*: es la descripción detallada de cómo se llevó a cabo la investigación.
- *Desarrollo/Análisis de datos*: es la presentación del análisis de datos y la discusión de los hallazgos.
- *Conclusiones*: es el resumen de los hallazgos, la demostración del logro de los objetivos propuestos y la declaración de las limitaciones del estudio y/o recomendaciones para futuras investigaciones.
- *Bibliografía/Referencias*: es la lista completa de todas las fuentes citadas.
- *Anexos*: son opcionales y refieren a los materiales complementarios como cuestionarios, registros de datos u otros elementos, solo se deben incluir si el tipo de investigación realizada lo justifica.

A la hora de elegir un procesador de texto con el cual trabajar el archivo de tesis, te recomiendo que cualquiera sea el que decidas usar, explores las funciones que ofrece para el tratamiento de documentos extensos (más de 100 páginas). Si la idea es trabajar con MS Word, por ejemplo, te recomiendo aprender a utilizar sus funciones avanzadas:

a) *Estilos.* Crear un archivo utilizando estilos significará un antes y un después en tu relación con los procesadores de texto en documentos extensos. Utilizar estilos predefinidos para encabezados, párrafos y títulos garantiza un formato coherente y consistente a lo largo del documento y facilita la creación automática de la tabla de contenido (¡así se llama la función de índice en MSWord!), mejorando no solo la apariencia del documento, sino facilitando la lectura y la comprensión. Permiten hacer una edición eficiente del texto, ya que, si necesitas cambiar el formato, como el tamaño o el estilo de fuente de todos los encabezados, se modifica el estilo una vez, y el procesador actualiza automáticamente todos los elementos asociados a ese estilo a lo largo del documento. Además, su uso posibilita moverte rápidamente entre las diferentes secciones a través del panel de navegación, una funcionalidad muy útil durante la redacción y la revisión. Optimizan el flujo de trabajo en la gestión y te ayudan a mantener el formato y la estructura del documento intactos cuando que lo conviertes a PDF, el formato más común en el ámbito de la academia.

b) *Saltos.* En un documento extenso, muchas veces es necesario que un capítulo comience al inicio de una página y no en cualquier parte, y aún hoy encontramos tesis en las cuales esto es forzado mediante múltiples Enter, lo que solo redunda en complicaciones. Porque a medida que se agregan o quitan párrafos, todos estos espacios generados con la tecla Enter o la barra espaciadora, se mueven sin criterio y dejan todo desacomodado. Para evitarlo, es necesario aprender a usar todos los tipos de saltos de página, pero fundamentalmente saltos de sección y columnas. Los saltos de página son la forma correcta de hacer que cada capítulo/sección/subtema/apartado/etc., de la tesis comience en una página nueva. Los saltos de sección son una instrucción concreta para separar textos en partes. Estas secciones pueden ser continuas (dentro de la misma página) o no (cambiando de sección y página a la vez). La razón más importante para usarlos está en que nos permiten manejar diferentes formatos de página (por ejemplo, si quieres insertar una hoja apaisada entre dos hojas verticales) o para usar diferentes formatos de encabezado/ pie de página dentro del mismo documento. (¡siempre debes insertar el paginado automático como pie de página!).

c) *Referencias cruzadas.* Las referencias cruzadas se usan para referirse a otros elementos del documento, como tablas, figuras, encabezados o números de página y se utilizan para hacer referencias dinámicas dentro del texto. Por ejemplo, puedes referirte a: «Ver tabla 3 en la página X» y, si la numeración de la tabla o la paginación cambia, Word actualizará esta información automáticamente. También se pueden utilizar hipervínculos. Estos permiten enlazar páginas web, direcciones de correo electrónico o moverse a otros lugares dentro del mismo documento o a otros documentos, pero no cambian automáticamente su texto si cambia el contenido a que refiere. Referencias cruzadas e hipervínculos son funcionalidades relacionadas, porque ambas permiten crear enlaces dentro de un documento, pero se utilizan de manera diferente y para propósitos distintos. Te recomiendo utilizar esta funcionalidad para enlazar a elementos que se discuten en diferentes partes del documento y facilitar, así, la comprensión mientras escribes y redactas.

d) *Administración de fuentes.* Este procesador tiene su propio sistema integrado para la gestión bibliográfica y el manejo de citas, y es muy fácil de usar. Basta con cargar una a una las fuentes bibliográficas completando un formulario disponible en el menú referencias. Es posible elegir el sistema de citas preferido (APA, Chicago, Harvard, etc.). Una vez incorporadas las fuentes, el procesador automáticamente irá generando las citas a medida que solicites insertarlas en el texto. A su vez, trabajar con la administración de fuentes te permite incluir la bibliografía de la tesis en forma automática, con todas las citas mencionadas en el texto. Una mención especial a los gestores de referencias bibliográficas como Zotero o Citavi, por ejemplo. Estos cuentan con un mayor número de funcionalidades y beneficios para el trabajo en la escritura de la tesis, pero no siempre los tenemos a disposición, o bien requieren una curva de aprendizaje mayor. Ambos se pueden integrar con Word a través de un complemento, permitiendo insertar citas y bibliografías directamente desde la interface de tu documento.

e) *Tabla de ilustraciones.* Es la función incluida para la gestión eficiente de figuras, imágenes, tablas y gráficos que se quieran insertar dentro del documento. Al insertar estos objetos en el documento utilizando esta función, es posible etiquetar automáticamente las mismas con títulos consecutivos y consistentes, facilitando su organización, referencia cruzada y actualización automática ante cambios en el documento. En documentos extensos, poder localizar rápidamente una tabla o figura específica es de gran ayuda para la lectura comprensiva, incluyendo la tarea del comité de tesis, revisores o cualquier persona que consulte tu trabajo. También permite la generación de un índice automatizado de las tablas y figuras que puedes incluir en la tesis a continuación del índice general.

f) *Revisión y comentarios.* A pesar de que su uso a veces resulte incómodo o molesto, estas funciones son imprescindibles para la escritura de la tesis, porque te permiten dialogar con el director de tesis y con otros colegas que, como asesores o colaboradores, deseen comentar directamente el documento. También permiten mantener un registro histórico de los cambios que se van realizando de modo que siempre es posible volver atrás para recuperar versiones pasadas.

No lo olvides, el cuaderno de bitácora de la tesis es un archivo de trabajo de construcción lenta y la revisión colaborativa es esencial, en el que los comentarios pueden usarse como retroalimentación; para plantear preguntas; sugerir mejoras, o discutir aspectos específicos del texto.

27.
¿Qué estilo de texto uso en la redacción?

Estilo escritura académica.

…

Esta modalidad de escritura se distingue por su formalidad, estructura rigurosa y orientación hacia un público específicamente informado y especializado en el campo de estudio en cuestión. Sirve para informar, debatir, argumentar, comunicar nuevas ideas y hallazgos como un modo de contribuir al conocimiento científico. Se caracteriza por seguir un tono formal, evitar el lenguaje coloquial, las contracciones y el uso de la primera persona, prefiriendo un estilo más objetivo e impersonal (¡claramente lo opuesto a este libro!).

En la escritura académica, los argumentos y análisis deben ser redactados de manera lógica y convincente, y para esto es fundamental que cada nuevo argumento sea presentado claramente y denote coherencia con el anterior y continuidad con el siguiente. Será importante, entonces, reconocer y abordar otras perspectivas o contraargumentos, para fortalecer los propios argumentos y dar cuenta de la profundidad de tu investigación.

Cada palabra de una tesis doctoral debe ser comprobable. Por ello, en muchos casos es recomendable usar el lenguaje potencial para expresar aquellas afirmaciones que, basadas en los primeros resultados de la investigación, sugieren pistas de ser ciertas, pero todavía no cuentan con la totalidad de los elementos probatorios necesarios. Las afirmaciones que incluyas deben ser respaldadas por datos, citas de fuentes relevantes correctamente mencionadas para dar crédito a los autores originales, evitar el plagio y permitir a los lectores (¡sobre todo a los evaluadores de la tesis!) verificar la veracidad de las fuentes citadas.

La escritura académica debe seguir de cerca la terminología específica de la disciplina o campo de estudio sobre el que refiere la investigación y, aunque pudiera reflejar cierta perspectiva o enfoque teórico de corte, el texto debería enfocarse en la objetividad.

Algunas estrategias que puedes considerar por ser útiles a la hora de escribir la tesis son las que siguen:

- Argumenta a partir de evidencias y datos, y no según opiniones.
- Cuida la elección de las palabras para lograr la precisión del lenguaje, y asegurar que estás comunicando los conceptos y términos técnicos de manera clara y sin dejar margen a malentendidos.
- Evita el uso de jerga, coloquialismos o lenguaje informal. Utiliza un lenguaje formal y técnico, valiéndote de la terminología específica de la disciplina en particular.
- Incluye elementos visuales para moderar la extensión del texto de la tesis, como cuadros, tablas e imágenes (¡en su justa medida pueden contribuir considerablemente a la lectura comprensiva!).
- Organiza una clara definición de partes, capítulos, subtítulos y encabezados dentro de la estructura global del texto. Esto facilita la lectura y la ubicación de la parte dentro del todo.
- Redacta oraciones y párrafos cortos. Cada uno debe tratar una idea única y continuar la misma lógica del texto completo de la tesis, es decir, incluir introducción, desarrollo y conclusión o transición al siguiente.
- Repite frases o expresiones puntuales para reforzar conceptos o ideas, e incorpora síntesis de puntos clave al finalizar partes o capítulos de la tesis.
- Usa la voz pasiva para despersonalizar la información y poner el foco en los hechos y resultados más que en el informante.
- Utiliza adecuadamente las citas y la correcta elaboración de la bibliografía conforme normas internacionales.

Si bien, como dije, para escribir la tesis se han de tener en cuenta las normas propias de la escritura académica y los reglamentos y requisitos formales que a tal fin indique cada universidad, me permito sugerirte que también procures que tu texto sea capaz de transmitir una voz única, la tuya, que refleje tu tarea de investigación y dé cuenta de tus contribuciones como autor o autora.

28.
¿Es posible cometer plagio involuntario?

Sí, es posible y no admisible.

...

En el momento de considerar el plagio, el pensamiento solo nos remite a la acción de copiar y pegar sin citar, pero, a la hora de hablar de *plagio* (en la respuesta a la pregunta siguiente hablaremos del posplagio) también entran en juego las versiones, mezclas, reordenamientos y paráfrasis dudosos. Y, si bien no todos estos tipos de plagio tienen el mismo impacto en la integridad académica de los escritos, todos deben ser igualmente evitados para no caer en plagio involuntario por omisión.

Dado que el archivo de la tesis es un documento de redacción lenta; muy extenso por el tiempo que demanda su escritura, y muy extenso en sí mismo por la cantidad de palabras que incluye, puede suceder que en algún momento copies y pegues un pequeño párrafo con la intención de citarlo luego, y luego olvides hacerlo. Este solo ejemplo ya es motivo suficiente para utilizar gestores bibliográficos al momento de redactar el archivo de tu tesis.

No podría recomendar un gestor en particular, porque hay varios y en líneas generales todos igualmente buenos, por lo cual solo mencionaré algunos. En primer lugar, por ser completamente gratuito y de código abierto está Zotero (www.zotero.org), muy bien valorado por su facilidad de uso y la capacidad de capturar referencias directamente de los navegadores web, y por tener muy buena integración con MS o Mac, indistintamente. Luego, existen otros: Mendeley (www.mendeley.com), que combina la gestión de referencias con una red social para investigadores, ofrece almacenamiento en la nube y es útil para la colaboración en línea, aunque la versión prémium no es gratuita; Sciwheel (sciwheel.com), que se presenta como una plataforma integral para la redacción y colaboración científica con muy buena integración a procesadores de Google y MS; Paperpile (paperpile.com), que es muy útil para quienes trabajan con Google Docs por su integración natural a Google Drive como extensión o *app*; y Citavi (www.citavi.com), que es una herramienta de gestión de referencias y conocimientos que no solo administra referencias bibliográficas, sino que también ayuda en la organización del conocimiento extraído de la literatura, permite hacer anotaciones y resúmenes de tus lecturas directamente en la aplicación facilitando la organización de ideas e información.

Si, a pesar de lo dicho, la decisión es no usar un gestor de bibliografía, te recomiendo que, como, mínimo utilices un criterio fijo para la denominación y el guardado de los archivos que se irán acumulando a lo largo de la investigación. Por ejemplo, se pueden guardar los archivos en una carpeta específica de tu disco en línea (Google Drive, OneDrive u otro equivalente), y denominar a todos con la siguiente estructura: *Cuándo_Quién_Qué*. *Cuándo* quiere decir «año de publicación del texto» del archivo. *Quién* alude al «primer autor de la publicación». Y *Qué* se refiere al «título» (incluye, al menos, las primeras cuatro o cinco palabras). Este criterio de denominación de archivos permite reconocer rápidamente de qué trata cada archivo, a la vez que simplificar su ordenamiento y gestión. Y que, cada vez que utilices un extracto de alguno de ellos y lo insertes en tu archivo de tesis, le apliques de inmediato un estilo específico de «cita a revisar», a fin de que no cometas plagio por descuido.

29.
¿Escribo la tesis con un asistente virtual de inteligencia artificial?

¡Sí! No obstante, *watch your step*!

...

La IA puede ser muy útil en contextos académicos y debería estar permitida siempre y cuando observe las normas éticas. Porque, así como sería un despropósito de estos tiempos escribir una tesis en una vieja *Remington* con papel y carbónico, también es un despropósito no valerse de la asistencia de la IA disponible. Al menos es lo que considero mientras escribo este libro, en un par de meses no lo sabemos.

Dentro del amplio y en exponencial crecimiento mundo de la IA, existe un submundo que corresponde a la IA generativa (en adelante IAG), que es la que interactúa con las aplicaciones o herramientas que permiten sostener una conversación bidireccional entre la persona (ser humano) y la máquina (IA). La interacción entre ambas partes se visualiza como un diálogo con un sorprendente grado de similitud a una conversación tradicional entre dos personas.

La IAG está emergiendo como un conjunto de herramientas poderosas con el potencial de transformar muchas áreas de la investigación y el desarrollo científico, a la vez que está provocando el replanteo de miles de interrogantes importantes sobre su uso responsable y las implicaciones éticas que trae aparejada.

No quisiera pecar de inocente y reconozco los temores a que nos enfrentamos con el uso de la IAG en la comunidad académica y científica. En cualquier caso, veo que muchos de esos debates hoy se centran solamente en el plagio, y no en cuestiones de mayor envergadura. En el contexto de los desafíos que deberá superar la humanidad en relación con el uso de la IAG, incluso en ámbitos académicos, el plagio podría ser el menor de los problemas.

Como he mencionado, antes de la IAG ya habían sido descritas numerosas formas posibles de cometer plagio, por lo que ahora el uso de la IA seguramente aportará novedades. De hecho, las últimas versiones de estilos de citación, como APA 7 y Chicago, entre otras, ya incluyen formas correctas de citar el uso de IAG. En mi opinión, citar IAG es una forma de validar que es la máquina quien escribe los textos de la persona, en este caso el tesista. Por mi parte, cuando hago la invitación a usar la IAG, de ninguna manera la pienso para que genere textos citables; al contrario, mi recomendación es que la uses como un potenciador de tus capacidades personales para tu investigación, tus razonamientos, tus argumentaciones, tu autoestima como escritor o escritora.

Mientras escribo este libro, Sarah Eaton,[10] en su libro *Plagiarism in Higher Education: Tackling Tough Topics in Academic Integrity* (2021), ha descrito seis principios del momento actual que define como la era del posplagio: 1) la escritura híbrida humana-IA se volverá normal; 2) la creatividad humana se ve potenciada; 3) las barreras lingüísticas desaparecen; 4) los humanos pueden ceder el control, pero no la responsabilidad, 5) la atribución de autoría sigue siendo importante; y 6) las definiciones históricas de plagio ya no pueden aplicarse.

Interactuar con sentido en forma constante y continua, a demanda de la persona con un par (¡la máquina!) dispuesto y disponible 24/7, tiene efectos que aún no podemos definir ni describir en su totalidad. Por esto entiendo que integrar IAG en tu trabajo doctoral es esencial, especialmente por su capacidad de proporcionar respuestas continuas y ajustes infinitos a las inquietudes o repreguntas que le presentes. En tus diálogos con la IAG podrías encontrar un nuevo espacio para desarrollar tu pensamiento.

Es indispensable comprender que la IAgen, por ahora, es responsiva. Solo genera texto por indicación o demanda de la persona. Por tanto, cualquier acción que sea solicitada y resuelta por la IAG deberá ser supervisada y auditada por quien la usa y firmará la tesis como propia. No olvides que se delegan tareas, pero nunca responsabilidades.

---

10. drsaraheaton.com

No busques ni esperes que la IAG encuentre tu problema de investigación o escriba tu tesis. En cambio, desarrolla un diálogo serio con la máquina, con varias idas y vueltas de interacción bidireccional real, y observa los diferentes tipos de ayuda significativa que puedes obtener. Usar IAG como asistente va a potenciar tu autonomía. Deberías sentirlo como un acelerador de tu inteligencia y un potenciador de aquellas habilidades específicamente humanas, como la comprensión y el razonamiento. Un buen tesista, con ayuda de IAG, será un mejor tesista. Pero un mal tesista, con ayuda de IAG, será un peor tesista. Recuerda que, para que tus diálogos con la IAG sean fecundos, es preciso que conozcas mucho del tema sobre el que versará la conversación; esto será esencial para comprender las ayudas y los errores de la IAG.

En la investigación doctoral, en la cual a menudo se trabaja individualmente, contar con la ayuda de una especie de alter ego a tiempo completo, bajo la forma de un asistente virtual de IAG, se convierte en un aliado invaluable. Siempre como complemento, nunca como sustituto.

30.
¿Cómo utilizo la inteligencia artificial generativa?

Dialogando partir de *prompts*.

...

Un *prompt* (en español, 'indicación' o 'instrucción') es una solicitud formada por un conjunto de palabras que le das a un programa informático basado en *large language model* (en adelante LLM) para realizar una tarea específica. Los LLM son herramientas de IA diseñadas para comprender, generar y traducir texto de manera coherente y relevante, que se basan en extensos reservorios de datos de lenguaje humano. Por esto, la relevancia que pueda tener la IAG como asistente durante la investigación y, sobre todo, en la redacción de tu tesis estará dada por la correcta formulación de tus *prompts*.

Si bien el uso de *prompts* tiene larga data en el ámbito informático, fue a partir de ChatGPT cuando llegó a oídos y usos del resto de la comunidad. OpenAI (openai.com), en palabras de la propia organización, es una empresa de investigación e implementación de IA, con la misión de garantizar que la IA generativa beneficie a toda la humanidad (¡elijamos creer!). Los modelos GPT (*generative pre-trained transformers*) de OpenAI representan un avance significativo en el campo de la IA, particularmente en el procesamiento del lenguaje natural (NLP) y su impacto en la comunidad académica y científica está siendo arrasador al mismo tiempo que se está investigando, debido a la infinita cantidad de usos que podría aportar. ¿Qué quiere decir *generative pre-trained transformers*? *Generative* o *generativo* se relaciona con la capacidad del modelo para generar texto. *Pre-trained* o *preentrenados* indica que el modelo ha sido entrenado previamente en una gran cantidad de datos antes de ser personalizado o utilizado para tareas específicas; y, *transformers* o *transformadores* es el nombre de la arquitectura de red neuronal utilizada en estos modelos. Es precisamente este entrenamiento previo el que da cuenta de la calidad de la interacción con la persona en la conversación.

Para dar órdenes, hay que saber hacer, decía mi madre. Del mismo modo, para que la IAG te asista en la investigación y escritura, es preciso saber preguntar, aprender a redactar *prompts*. La efectividad de un *prompt* depende de su adecuada redacción. El valor de la IAG no está en las respuestas de la máquina, sino en lo que la persona hizo para obtenerlas y lo que será capaz de hacer con esas respuestas.

Por todo esto, un buen *prompt* debe ser específico y claro. Ser específicos puede parecer una obviedad, pero no lo es. Antes de redactar el *prompt*, se debe pensar claramente no solo qué es lo que se quiere recibir como respuesta, sino, además, cómo se espera que sea esa respuesta.

Un buen *prompt*, y más aún una cadena continua de buenos *prompts*, puede asistirnos en la reflexión crítica y el análisis profundo, promoviendo que seamos capaces de explorar diversas perspectivas teóricas, metodológicas y empíricas relacionadas con el tema de investigación en una misma acción. Por ejemplo, «Dado el tema de mi tesis doctoral sobre [tema específico], ¿cómo puedo integrar y contrastar las teorías de [Autor 1], ¿[Autor 2] y [Autor 3] para profundizar en mi análisis? Luego, necesito seleccionar las técnicas cualitativas y/o cuantitativas que mejor aplican a [aspecto particular del tema o problema a investigar]. ¿Podrías identificar los recursos más adecuados para este análisis?».

Escribir la tesis con asistencia de IAG puede ser un complemento útil para explorar temas y encontrar conexiones relevantes, identificar tendencias, debates, centros neurálgicos de investigación en tu campo de estudio específico. O para poner en diálogo diferentes disciplinas, poniéndote de un lado del debate y pidiendo a la IA que actúe como experto en otra área disciplinar. Lo primero que vas a notar usando IAG es eficiencia en el trabajo, debido a la increíble aceleración de los procesos y los resultados óptimos que aporta. Utilizar IAG como asistente en la investigación y en la escritura de la tesis es un potenciador, un acelerador. Si se me permite el neologismo, la IAG es ¡un *eficientizador* de los procesos!

Pero, atención: es necesario diferenciar un *prompt* de las consultas que habitualmente hacemos en Google u otros buscadores. Cuando cargamos una consulta o variable de búsqueda en estos programas, el sistema rastrea toda la información que tiene en sus motores de búsqueda y nos devuelve una serie de hipervínculos a objetos o sitios de internet en donde podemos obtener información relativa a lo buscado. Cuando cargamos la misma consulta o variable de búsqueda en IA, nos devuelve un texto que redactó especialmente como respuesta a nuestra consulta, a partir de sus capacidades operativas de crear nueva información a partir de toda la información que tiene en su conjunto de datos. Y a partir de aquí, comienza el peligro de «copiar y pegar» las respuestas a tus *prompts* como escritos propios.

El uso de buenos *prompts* puede reportar hallazgos emergentes para la investigación que no habían sido previstos. En este sentido, se deberá tener cierto margen de flexibilidad metodológica para incorporar las novedades sin perder de vista el objetivo general de la tesis, pero de ninguna manera descartar estos hallazgos.

Al solicitar ayuda para integrar, contrastar teorías y explorar metodologías, podrías recibir por respuesta información aparentemente muy clara y concreta, pero que al momento de constatarla descubres que no existe y solo se trata de una alucinación de la IAG. Las «alucinaciones» de los LLM se refieren a ocasiones en las que el modelo genera información o respuestas incorrectas, no verificables o completamente inventadas. También pueden surgir respuestas incorrectas debidas a limitaciones o sesgos en los datos de entrenamiento o simplemente por la naturaleza probabilística de cómo el modelo predice la siguiente palabra o frase basándose en el *input* que recibe, sin acceso real a hechos o eventos actuales. Por esto nunca debes olvidar que más allá de contar con ayudas externas (la IAG u otras) como tesista mantienes la responsabilidad de generar conocimiento verdadero y original.

Transcribir indiscriminadamente las respuestas de la IAG como texto propio es un error desde múltiples perspectivas. El problema no está en atribuir autoría intelectual a la herramienta, sino en que las respuestas de la herramienta pueden contener sesgos, errores conceptuales e, incluso, invenciones. Pero, sobre todo esto, las respuestas de la IAG llevan sello propio. Podríamos decir que se les nota la marca en el orillo. Son técnicamente aceptables, pero carecen de personalidad. Por lo menos, esto es lo que ocurre en las ciencias humanas y sociales. Tal vez en ciencias exactas o naturales las respuestas sean diferentes.

Aparte del estilo, otro asunto candente en el uso de IAG es el que refiere a los derechos de autor.

Veamos algunos casos que ayudan a problematizar el tema. Por ejemplo, cuando utilizamos un *software* de diseño gráfico y le vamos dando una serie de instrucciones para generar un producto final, ese producto final, en términos de autoría intelectual, ¿pertenece al *software* con el que fue creado o pertenece a la persona que interactuó con el programa y generó el producto final? Ahora bien, en IAG el problema se profundiza cuando esta herramienta utiliza ideas de otros (con las que fue alimentada) como base para construir sus propias ideas, a partir del uso, remezclado, interpretación y/o adaptación de textos preexistentes con derechos de propiedad intelectual adquiridos por otros. No obstante, creo que, con una mirada prospectiva, hemos de aprender a usar la IAG, y eso solo se logra usándola, y el mejor lugar para hacerlo es, sin duda, la academia.

Es recomendable estar acompañado durante todo el camino del doctorado con un asistente virtual y, como recomendación general, sugiero usar la versión paga de ChatGPT4, que tiene entre otras funciones la de permitirte configurar tus propios GPT y la de crear tus proyectos de trabajo. Aunque mi elección es esta, hay otras opciones como Gemini, Copilot o DeepSeek que también son útiles.

La función *proyectos* de ChatGPT4 es altamente eficaz para un tesista porque permite guardar y organizar el trabajo, así es posible almacenar conversaciones y recursos dentro de un proyecto, lo que facilita retomar el trabajo en cualquier momento sin perder el contexto. El proyecto organiza los diálogos en carpetas y subcarpetas, lo que facilita la organización en secciones o tareas de investigación más manejables.

Otra opción es navegar entre los GPT personalizados de dominio público, que, por estar orientados a áreas específicas de conocimiento o habilidades, pueden proporcionar asistencia personalizada que se ajuste a las necesidades particulares de cada investigación doctoral.

La aparición de nuevas herramientas se da segundo a segundo, pero, mientras tanto, te recomiendo algunas de las que han ido surgiendo con orientación a la actividad académica. En general, pueden requerir pago de suscripción y la interfaz está en inglés, si bien pueden interactuar en diferentes idiomas.

Recurso	URL	Utilidad destacada
Claude	claude.ai	Sintetizar, generar y revisar textos con alto nivel de coherencia, enfoque crítico y transparencia de fuentes.
Connected Papers	connectedpapers.com	Identificar artículos clave y mapear la literatura relevante en un campo específico.
Consensus	consensus.app	Comprender los consensos en un campo de estudio
Dimensions.ai	deepl.com	Hacer traducciones precisas y naturales a múltiples idiomas manteniendo su rigor.
Elicit	elicit.org	Revisar literatura, encontrar tendencias en artículos y sintetizar hallazgos.
Explainpaper	explainpaper.com	Entender conceptos complejos o tecnicismos en artículos de difícil lectura.
Perplexity	perplexity.ai	Contextualizar datos en la investigación.
ResearchRabbit	researchrabbitapp.com	Descubrir investigaciones relacionadas y visualizar las redes de autores e instituciones.
Scite.ai	scite.ai	Evaluar la relevancia y confiabilidad de las fuentes utilizadas en una tesis.
Semantic Scholar	semanticscholar.org	Realizar búsquedas bibliográficas avanzadas y generar una visión amplia del estado del arte.
Trinka	trinka.ai	Parafrasear a autores.

Es necesario practicar mucho en la generación de *prompts*, para descubrir qué es aquello que escapa a la capacidad intelectual del tesista y que la IAG pueda ayudar a resolver. Por ejemplo, ¿cuánto tiempo le llevaría a un investigador identificar los centros neurálgicos del mundo académico en los que se está investigando un tema específico de su interés? Sabiendo usar Scopus en profundidad, tal vez un tiempo razonable, y no sabiendo usarlo, un tiempo muy extenso, incluso infinito. Usando IA, en cambio, y habiendo redactado un buen *prompt*, esta búsqueda puede requerir segundos y recibir un reporte de datos que incluyan universidades, organizaciones, publicaciones y eventos sobre el particular. Además, las barreras idiomáticas pueden desaparecer en segundos con la ayuda de la IAG. Y, aunque esto ya se hace con los traductores en línea y, sobre todo, con la traducción automática de sitios web completos que nos ofrecen algunos navegadores como Chrome, por ejemplo, en el caso de que la IAG sea asistente en la investigación, el problema de la barrera idiomática cobra una nueva dimensión. Ya no se trata de solicitar solo ayuda con la traducción de un artículo científico completo, sino que podríamos, por ejemplo, redactar un *prompt* en el que le demos una afirmación o argumentación personal que pensamos utilizar en la tesis, y le solicitemos que la contraste con el texto de la obra de un autor (en un idioma desconocido) y nos devuelva sus conclusiones en nuestro propio idioma. No solo asombroso, sino muy útil.

Escribir una tesis doctoral no es solo el resultado final, sino también es el proceso de aprendizaje profundo al que se llega luego de desarrollar pensamiento crítico, creatividad y una comprensión integral del tema. Así mismo, recuerda que el doctorado no es solo un medio para obtener un título, sino una etapa de formación en investigación con autonomía intelectual.

Usar un asistente de IAG puede ser una herramienta útil para ciertas tareas, pero nunca debe reemplazar el esfuerzo intelectual personal que caracteriza el trabajo doctoral. No deberías utilizarla para hacer tu tesis de un modo más fácil, sino para hacer posible un tipo de tesis que sin su ayuda sería inviable.

IAG como asistente de pensamiento

- Para dialogar sobre los cruces epistemológicos que te interesan, tus supuestos de investigación y recibir sugerencias e ideas a cambio, como marcos teóricos relacionados con el tema de investigación y bibliografía relevante, y de ese modo ampliar la perspectiva de investigación al conectar la tesis con enfoques interdisciplinares.

- Para generar ideas creativas o sugerir distintos enfoques para un problema de investigación, ayudándote a realizar los ajustes y recortes necesarios.
- En la revisión rigurosa de literatura, para que te ayude a identificar vacíos o lagunas promoviendo una reflexión estratégica sobre la contribución al campo académico, y elementos relevantes para el estado del arte, a la vez que te ayude a sintetizar y analizar grandes volúmenes de texto.
- En la traducción de textos de cualquier idioma, superando las barreras lingüísticas que anteriormente podían limitar el alcance de tu investigación, pidiendo expresamente a la herramienta que contextualice la traducción a la disciplina de que se trate para evitar confusiones propias de una traducción literal.
- En la identificación de sesgos, argumentos débiles o inconsistencias en los textos publicados, lo que es fundamental para garantizar la objetividad y la integridad en la investigación científica de tu tesis.
- En la validación de tus propias afirmaciones, debatiendo las ideas y argumentos que buscas presentar en tu tesis, corroborando o refutando tus hipótesis a partir de evidencias recientes.
- Para que responda preguntas específicas y proporcione explicaciones detalladas, te aclare conceptos complejos, te ofrezca ejemplos e, incluso, te sugiera metodologías de investigación relevantes para un tema en particular.
- En la revisión y mejora tu escritura apoyando el proceso de clarificación y refinamiento del pensamiento, ayudando a expresar conceptos con mayor precisión. Solicitándole sugerencias de estilo, gramática, claridad y coherencia de tu redacción, y de este modo elevar la calidad del texto de la tesis.
- Para ensayar la presentación de tu tesis o su defensa, solicitándole opere como evaluador experto en el tema de tu escrito, simulando un debate y dándote la oportunidad de reflexionar sobre múltiples puntos de vista y evaluar argumentos en profundidad.

IAG como ayudante en la realización de tareas complejas

- Analizando e identificando patrones en conjuntos complejos de datos como censos o bases de datos publicas masivas (*datasets, big data*).
- Procesando y codificando grandes volúmenes de datos textuales (cualitativos) para identificar patrones temáticos, palabras clave o emociones en entrevistas y encuestas.
- Procesando interacciones en plataformas digitales para detectar influencias, grupos o discursos dominantes.
- Leyendo grandes volúmenes de artículos académicos para identificar patrones temáticos o tendencias de investigación.
- Generando resúmenes o mapas de literatura científica sobre temas específicos, agilizando la identificación de teorías y estudios relevantes en campos interdisciplinares o emergentes.
- Creando gráficos y mapas interactivos basados en los datos cualitativos o cuantitativos recolectados; facilitando la comunicación visual de hallazgos complejos en formatos accesibles y claros.
- Proponiendo escenarios hipotéticos en estudios sociales basados en datos reales o tendencias observadas, para permitir la exploración y visualización de fenómenos sociales complejos.
- Diseñando borradores de encuestas basados en objetivos de investigación y teorías relevantes, con proposición de preguntas y estructura para entrevistas semiestructuradas.

Mi consejo general frente a esta pregunta es que uses estas herramientas con moderación y con una finalidad clara, reconociendo, sobre todo, que detrás de ellos puede haber sesgos intencionales. Que aproveches su capacidad para ahorrar tiempo en tareas técnicas, pero nunca permitas que reemplace tu voz y tu razonamiento; tú debes ser quien comprenda y defienda cada idea escrita. Al final, la tesis debe ser un reflejo genuino de tu capacidad como investigador o investigadora.

SUGERENCIA #7
Escribe libremente

La escritura académica, por sus requisitos de estructura y formalidad, puede resultar un paralizador para el pensamiento y, por tanto, de la escritura. Mi sugerencia entonces es que escribas libremente. Que facilites que tu pensamiento, el teclado y tus manos fluyan entre sí naturalmente.

Avanza todo lo que puedas en cada una de las partes, capítulos o subcapítulos de tu tesis, no te preocupes ni te ocupes de la forma, la calidad, las referencias o las normas para la inclusión de citas textuales. En este momento, deja fluir el pensamiento a través del teclado. Habla en primera persona, si te sirve. Una vez que hayas logrado redactar libremente un conjunto de páginas, puedes realizar el proceso de relectura de lo producido, la traducción a escritura académica, la revisión de estilo, la inserción de referencias y citas y segunda lectura del conjunto.

De la mano de la escritura libre, te recomiendo tener siempre a mano un anotador y un lápiz con goma. Cuando digo siempre es siempre, aun en la mesa de noche al lado de la cama. La inspiración llega en los momentos y lugares menos pensados, pero, sobre todo, cuando estás aparentemente relajado pensando en otra cosa. Si lo digital te resulta más cómodo, es buena opción enviarte audios a vos mismo y luego pasar los audios a escritura. Al otro día, la idea puede ser de mayor o menor valor real, pero siempre te ayudará a seguir pensando. Si te sirve, imita a los filósofos peripatéticos, cuyas ideas han sido ratificadas por los avances de la ciencia. La cognición y la creatividad se ven favorecidas por el movimiento corporal. Camina para pensar, y dialoga con otros, para construir mejores argumentos.

La revisión y la edición de la tesis probablemente sean más que un único proceso y lo repitas sucesivamente hasta llegar a destino. En el proceso de revisión y edición permanente, tu escritura libre se irá transformando en escritura académica.

De nuevo, cito a mi madre cuando me decía: «La cabeza donde están los pies». El momento de escritura tiene que ser agradable y consciente. Entonces... una buena silla, un mullido almohadón, música relajante y agua fresca para hidratar las largas horas de trabajo; y, a la hora de poner manos en el teclado: detente; respira profundo; mira a tu alrededor; escucha tu pensamiento; siente lo que quieres decir, y, luego, ponte a escribir.

SUGERENCIA #8
¡Considera estos detalles!

- El primero: un evaluador calificado puede hacer una evaluación general una tesis doctoral de cientos de páginas en pocos minutos y con una acción muy simple. Si leyendo únicamente la introducción y la conclusión, con independencia del resto del texto, puede comprender la investigación en su conjunto y ponderar el logro o no del objetivo general propuesto, tu tesis estará aprobada y obtendrá su pase a defensa oral. Es decir, si la redacción fue correcta, en la introducción se debió establecer con claridad el sentido de la investigación, su objetivo general y las expectativas de aporte original, y en la conclusión se debieron sintetizar claramente los resultados obtenidos.

- El segundo: el resumen ejecutivo —una de las primeras páginas del documento de la tesis— es la última página que deberías redactar.

LLEGADOS A DESTINO

31.
¿Cómo defiendo mi tesis?

Con la madurez que te da el camino recorrido y los aprendizajes logrados.

…

La ilusión de llegar al destino alienta la marcha en este tramo final. Porque, en este punto del recorrido ya han pasado los largos días y noches de trabajo en los que soñabas con este momento. Y casi estas en la meta, con la novedad de que el camino que falta es mucho más simple que el ya transitado.

Tras cerrar el archivo y quitar el control de cambios, es necesaria una última lectura general para dar el primer paso formal: entregar el o los ejemplares de la tesis, para que las autoridades correspondientes del doctorado o de la universidad la sometan a evaluación de un tribunal. La entrega puede ser en formato físico o digital, a decisión de la institución que recibe la tesis. En ambos casos, es preciso que controles que todo esté como debe estar, esto es, que las copias impresas no tengan errores de impresión y que el archivo digital se pueda abrir sin inconvenientes.

El proceso de evaluación de una tesis doctoral (¡cómo toda evaluación!) contiene elementos objetivos y subjetivos. Dentro de la evaluación objetiva, se pone blanco sobre negro entre lo propuesto en la introducción y lo abrevado en la conclusión, incluyendo la comprobación del logro del objetivo general de la investigación y su aporte al avance del conocimiento; y este será el aspecto más importante de la retroalimentación que hagan los evaluadores de tu tesis. Sin embargo, es posible que escuches con más atención y sientas mayor interpelación a partir de las palabras de corte valorativo que los mismos evaluadores hagan de tu investigación, es decir, la parte subjetiva de la evaluación.

La subjetividad de la evaluación se debe a que los métodos, criterios y enfoques adoptados por el evaluador en el proceso de evaluación reflejan sus propios valores, conocimientos, prejuicios y competencias, tanto o más que las capacidades o el desempeño del evaluado. Exagerando, me gusta decir que *la evaluación dice más del evaluador que del evaluado.* Tómalo con calma.

El acto de defensa de tesis varía considerablemente entre las universidades, debido a las diferencias en reglamentos y tradiciones. Cada institución tiene sus propios protocolos para la organización y resolución de la defensa de tesis y es fundamental conocerlos y respetarlos.

Las diferencias entre instituciones generalmente refieren a la duración de la presentación y la composición del comité evaluador. En algunos países pueden ser más formales, con vestimentas especiales, discursos de apertura y cierre, y jurados numerosos; en otros, pueden ser actos más abiertos, en los que se combina una presentación de la investigación y una demostración de habilidades de exposición ante el jurado y el público presente. No obstante, el formato más tradicional consiste en una exposición oral frente a un comité, seguida de preguntas y respuestas. Actos públicos abiertos a la escucha de cualquier miembro de la comunidad académica o del público en general, reconociendo que una tesis doctoral tiene que contribuir al avance de la ciencia y, por consiguiente, su difusión es una condición elemental. Hay instituciones donde se habla de defensa, porque el acto formal puede incluir su desaprobación, y otras en las que se habla de la lectura de la tesis, porque se entiende que la tesis ya ha sido aprobada por los miembros del tribunal evaluador.

Los miembros del tribunal evaluador son especialistas en alguna de las disciplinas o subdisciplinas que abordas con tu investigación. Pueden, incluso, conocer con mayor detalle alguna de las diferentes aristas de tu investigación, pero, durante ese acto, la persona con mayor conocimiento del problema presentado eres tú. Así, durante la lectura o la defensa de una tesis no hay otra persona presente que conozca más de lo que se expone y defiende que el propio tesista. El director puede conocer la investigación, pero no conoce el pensamiento del tesista y, por ende, desconoce también el antes, durante y después del armado de los razonamientos y las argumentaciones, que, en definitiva, son los que traen al tesista a este momento.

Antes de decidir cómo defender una tesis, es necesario leer una y otra vez las devoluciones que te han hecho los expertos, es decir, los dictámenes del tribunal evaluador o jurado de tesis. Leer en general, leer línea por línea, leer entrelíneas. Leer y acusar recibo de lo leído y preparar a conciencia la defensa de las afirmaciones puestas en la tesis con solvencia o, incluso, para aceptar los errores, si los hubiera.

La organización de la estructura de la presentación debe hacerse siguiendo el protocolo indicado por la Universidad. Sin embargo, si no hubiera una normativa al respecto, hay, al menos, dos caminos posibles. Por un lado, se pueden armar diapositivas con el fin de sostener la atención del público mientras narras secuencialmente la totalidad del desarrollo de la investigación, siguiendo una a una las partes del escrito. O se puede focalizar la exposición dando respuesta a las observaciones que los miembros del comité evaluador hayan puesto por escrito en sus dictámenes.

Entre los extremos de desarrollar la tesis al completo o solo responder a las observaciones del tribunal, te sugiero buscar un punto intermedio presentando un resumen concentrado de la investigación que aborde los puntos clave y en los momentos que corresponda incluir las respuestas al jurado como parte de la exposición.

Te propongo algunas consideraciones para que logres una presentación efectiva:

- Define y enfoca el discurso en los aspectos más importantes y significativos de la investigación o puntos clave: el problema de la investigación, el objetivo general, los principales hallazgos y las conclusiones.
- Tu exposición debe ser lo suficientemente detallada para mostrar la profundidad de la investigación, pero lo suficientemente resumida para mantenerse dentro del tiempo asignado. No malgastes el tiempo en detalles anecdóticos del proceso de investigación, que son muy interesantes para una charla de café, pero no para la defensa formal.
- Focaliza y remarca la contribución de tu tesis al campo de la disciplina, no esperes a que lo pregunten los evaluadores.
- Integra en el flujo general de la presentación, las respuestas y aclaraciones a las observaciones o preguntas específicas de los evaluadores y menciónalos.

- Dedica tiempo al diseño visual de tus diapositivas para ilustrar conceptos significativos y hacer que la presentación sea más atractiva, cuidando que sean un correcto apoyo y no la figura principal del acto. La IA puede ser tu asistente también en este aspecto.
- Ensaya la presentación con público (familia, amigos o colegas), mide los tiempos y practica respuestas a preguntas potenciales. Intenta por todos los medios mostrarte seguro y relajado.
- Actúa, demuestra pasión y compromiso, porque no solo estás defendiendo tus ideas, sino que estás aportando nuevo conocimiento verdadero y validado y quieres que otros los acepten como tales.
- Si, por diferentes circunstancias, el acto de defensa de tu tesis fuera en formato virtual, deberías considerar especialmente que la estabilidad de la conectividad y la velocidad de la conexión sean adecuadas tanto para enviar señal como para recibirla.

SUGERENCIA #9
Evita el PowerPoint

Lo de «evita el PowerPoint» es una metáfora. PowerPoint en el mundo académico se asocia más a un concepto teórico que a la herramienta que en realidad es. Entonces, mi sugerencia es que, antes de sucumbir ante las luces de colores de la herramienta, pienses con claridad en lo que quieres comunicar y lo hagas.

El material que utilices no debe estar pensado ni diseñado para que lo leas, sino que ha de estar armado para que el auditorio sostenga el interés y el hilo conductor de tu exposición, dándole elementos para que, más allá de escucharte, puedan ir pensando, asociando, reflexionando, etc. Incluso te sugiero que tu discurso refiera a lo que el auditorio esté leyendo en la diapositiva, pero que sea diferente.

En general, una presentación bien diseñada incluye una diapositiva por cada 3-5 minutos de exposición, aproximadamente. Esto significaría que, si por reglamento, vas a disponer de 60 minutos para la exposición, tu material de apoyo debería incluir entre doce y veinte diapositivas. No obstante, para un acto de defensa de una tesis doctoral, mi recomendación es que te esfuerces por simplificar la información en no más de diez diapositivas.

Para el diseño de tu material de apoyo, la elección de las herramientas depende de las necesidades específicas de la presentación, el nivel de familiaridad que tengas con la tecnología y la complejidad del material que vas a presentar. Salvo que se trate de la defensa de una tesis en la cual el diseño y la tecnología sean el contenido mismo a exponer, es preferible diseñar materiales sencillos y bien hechos a diseñar materiales muy innovadores que terminen resultando confusos o distractores para el tribunal.

Considera no solo tus necesidades específicas y la naturaleza de tu contenido, sino también la compatibilidad con los sistemas que tu universidad o institución pondrá a tu disposición para la defensa. Haz pruebas con antelación para asegurarte de que todo funciona correctamente y que puedes resolver cualquier problema técnico que pueda surgir.

SUGERENCIA #10
Ten en cuenta al auditorio

Habla mirando al jurado y, ocasionalmente, también al público presente. Si tu voz es fuerte, úsala; si tu voz es demasiado suave, incorpora un micrófono. Es fundamental que todos los presentes te oigan sin dificultad.

Evita dar la espalda al auditorio, evita leer las diapositivas. Una cosa es volver la vista a un detalle particular de una diapositiva mientras expresas tus ideas y otra muy distinta es mostrar completa dependencia de ellas.

Por la ley de Murphy, te recomiendo llevar copias impresas de las diapositivas en papel para entregarlas a los miembros del tribunal y tener un ejemplar en tus manos, en caso de emergencia con la electricidad, el wifi, el proyector o la computadora.

Tu lenguaje corporal dirá mucho durante la presentación, considéralo y úsalo a tu favor. Ten en cuenta este detalle especialmente en el momento de estar parado frente al tribunal escuchando sus devoluciones, preguntas o repreguntas después de tu exposición. Ese es el momento en que debes mostrarte más seguro.

La comunicación efectiva de tu investigación es tan importante como la investigación misma.

DESPUÉS DEL VIAJE

32. ¿Qué hago con el doctorado que hice?

Reconectar con tu vida.

…

Hacer un doctorado es una decisión trascendental en el proyecto de vida de una persona, así que es fundamental darle la importancia que merece. Basta con revisar las páginas de agradecimientos y dedicatorias de las tesis doctorales publicadas para dimensionar la relevancia que el proceso tiene en los nuevos doctores y, más aún, en la vida de sus seres queridos y cercanos.

Terminado el doctorado, siempre se necesita un tiempo para *reconectar con la vida más allá del doctorado.* Y en esto espero poder reflejar una realidad común a la experiencia de muchos doctorandos, que surge como consecuencia de haber pospuesto aspectos vitales personales, familiares y laborales durante el intenso periodo de formación académica. Ahora es crucial dedicar tiempo de calidad a reforzar los lazos con familiares, amigos y colegas en el trabajo. Más allá de los agradecimientos de la tesis, serán importantes las interacciones directas y significativas en un proceso de reconexión emocional como un paso vital para reanudar la vida más allá del ámbito académico.

Es momento también de iniciar un proceso de reflexión sobre intereses, habilidades y aspiraciones profesionales postdoctorado, considerando cómo esta formación ha enriquecido tu carrera y de qué manera permite ahora reorientarla. Es imprescindible actualizar el currículum y los perfiles en redes profesionales para reflejar los recientes logros académicos y las habilidades desarrolladas.

Llega el tiempo de reactivar y ampliar tu red personal de contactos profesionales y participar activamente en conferencias, seminarios y eventos en tu campo, lo que, a su vez, te abrirá puertas para nuevas colaboraciones y oportunidades laborales. Evalúa las diversas trayectorias que ahora puedes seguir gracias a tu doctorado. Así como en la defensa, recuerda comunicar de manera efectiva el valor y la relevancia de tu investigación doctoral y tus competencias académicas en diversos contextos profesionales.

No temas aventurarte en roles o proyectos fuera de tu zona de confort, como publicar tu obra. Si la evaluación de tu tesis incluye recomendación de publicación, hazlo. Probablemente el día después de la defensa no quieras ni acercarte al tema o a tus escritos, pero hazlo. No demores. No dilates la decisión. Es un nuevo proceso, la tesis debe ser reescrita con formato de libro.

Pide ayuda, contrata a un editor de textos, publica. El viaje terminó y hay que planificar nuevos recorridos.

Tu formación doctoral te ha provisto de valiosas habilidades de investigación y análisis aplicables en múltiples ámbitos. Recuerda que, más allá de los conocimientos específicos nuevos provenientes de tu investigación, sin advertirlo, el doctorado te ha permitido desarrollar más profundamente el pensamiento crítico, la resolución de problemas, la gestión de proyectos y la comunicación. Y todas estas son habilidades blandas altamente cotizadas en el mundo actual.

Si la investigación dejó espacios para profundizar con nuevas investigaciones, es recomendable no demorar y buscar espacios institucionales universitarios para hacer un posdoctorado y avanzar, de ese modo, un paso más en la profundización de los hallazgos de la tesis doctoral.

Lo que hiciste, para vos y para tus seres queridos, fue muchísimo. Para la comunidad científica, solo debe haber sido un paso más. Y, tomando las palabras del genial Matt Might (matt.might.net) en su *Guía Ilustrada al Ph.D.*, que te invito a buscar y leer…, ¡continúa empujando!

Para cerrar con la analogía del viaje que ha estructurado este libro, podemos decir que, al igual que un buen viaje, el proceso de llegar a doctorarse se vive tres veces. Cuando se imagina y se proyecta; cuando se realiza y se vivencia; y cuando se recuerda y se disfrutan las mieles del éxito.

Estemos en contacto, elcaminodelatesis@gmail.com

Índice